LA RELIGIEUSE

E TOULOUSE.

LA RELIGIEUSE

DE

TOULOUSE

PAR

M. JULES JANIN.

3

BRUXELLES,

ALPHONSE LEBÈGUE, IMPRIMEUR-ÉDITEUR,

Rue Notre-Dame-aux-Neiges, 60.

(Rue des Jardins d'Idalie, 1.)

1852

LA RELIGIEUSE DE TOULOUSE.

XVIII

Pendant que l'éloquente supérieure combattait pour ses [foy]ers et pour ses autels, mademoiselle de Prohenque se [m]ettait à la recherche de mademoiselle d'Hortis, et elle [la] retrouvait sous le toit même du maître chirurgien et de dame Florise son épouse. Depuis que le nuage s'était [di]ssipé, qui avait séparé un instant madame de Mondon[vil]le et la volontaire Guillemette, ces deux femmes, ré[co]nciliées par le penchant naturel de leurs âmes et par [la] nécessité même de leur position, n'avaient jamais vécu [da]ns un plus parfait accord d'action, de défense, de vo[lon]té. Pour l'intelligence de ce subit retour de la fille fu[git]ive à l'obéissance et au respect de sa supérieure, il faut [se] rappeler la toute-puissance de madame de Mondonville [su]r les intelligences qui l'entouraient, et que, depuis la [mo]rt de madame de Montmorency, une Bracciano, dont la famille avait donné seize saints à l'Eglise, quand elle fut veuve et abbesse de la Visitation de Toulouse, pas une femme n'avait obtenu un pareil empire. Il faut se rappeler aussi quelle était mademoiselle de Prohenque : elle réunissait dans sa personne les meilleures chances de la jeunesse; elle avait l'esprit beau et subtil, et pour la première fois elle venait de comprendre que l'amour vaut mieux que l'ambition. Sa famille tenait au parlement et au négoce; le nom de son père se fût retrouvé au besoin sur le grand tableau de la Bourse et dans les registres antiques de la cité, quand Toulouse était l'entrepôt du commerce de la Méditerranée, aux jours triomphants de Pise, de Florence et de Gênes la superbe, au temps des Pitti et des Médicis. Même on dirait que cette alliance de la noblesse et de l'argent, du change et de la guerre, avait passé des républiques d'Italie à la capitale du Languedoc; cela plaisait aux hommes toulousains d'être riches et d'être braves tout ensemble, de savoir ce que pesait un florin d'or et une épée, d'être à la fois bons marchands et hardis capitaines. Certes on ne vivait pas à Versailles, à la poursuite des grands emplois, mais on régnait à Toulouse; on laissait les grandes terres et les grands cordons aux seigneurs d'outre-Loire, on gardait pour soi-même la solide popularité de la réelle fortune, et à la fin de ses jours on se reposait dans quelque riche hôtel que l'on avait construit de ses mains, avec son nom en lettres d'or : « Maison de Michel de Prohenque, docteur en droit, dans la rue de Peyras; Maison de Thomas Prohenque, au château de Milan; Hôtel de messire Jean Prohenque, marchand de pastel. » Ainsi étaient écrits, sur la brique ou sur le marbre, les titres de chaque famille considérable du Languedoc, chaque maison restant debout, après tant de révolutions, pour proclamer encore le nom, l'écusson et la fortune de son fondateur.

« Triomphe et victoire! s'écria mademoiselle de Prohenque au retour de madame de Mondonville : triomphe pour vous, madame, et victoire pour nous deux! Vous avez gagné votre cause, et nous avons retrouvé notre enfant! Soyez en repos; mon amie Florise en répond, sur l'amitié qu'elle me porte. Çà, dit-elle encore avec un coup d'œil clair et joyeux, on raconte dans la ville que vous avez été une vraie et inspirée Némésis. On nomme aussi l'avocat de la partie adverse; et comment a-t-il parlé, s'il vous plaît?

» — Il a parlé comme Démosthènes! Ah! ma chère Prohenque, il faut que ce garçon-là t'aime bien, s'il t'aime autant qu'il me hait! Si tu savais comme il m'a traitée, avec quelle indignation et quelle fureur, tu aurais été bien fière, ô déesse Mnémosyne! de ton miracle et de ton héros! Oui, oui, vous ferez, toi et lui, une bonne maison, j'en suis sûre... Tiens, regarde! j'en suis encore tout effrayée! Il a cruellement parlé; mais surtout dans sa péroraison il s'est écrié comme Ezéchiel : « Percez la muraille et entrez de force, et vous verrez des choses abominables! » Il a tant fait que j'ai été forcée de tirer mon épée et de le menacer de ta colère! « On vous entend là-haut! ai-je dit alors. Il s'est avoué vaincu; et mes deux proscrits ont été sauvés. »

Puis d'une voix plus douce, et comme si elle eût adressé une prière au ciel : « Soyez loué, ô mon Dieu, dit-elle, qui m'avez permis jusqu'à la fin de protéger ces deux vaillants soldats de Jésus-Christ! Or, écoutez-moi, Prohenque, et soyez prête à obéir. Un vaisseau anglais est entré dans les eaux de Blaye depuis trois jours; cette nuit même, nous menons nos deux captifs jusqu'à la mer; c'est l'heure de nous montrer, comme on dit, des dames cavalières, des femmes fortes et dignes de notre maître M. de Ciron. Donc, cette nuit appartient à nos hôtes, et le reste de ma vie à notre enfant. Mon enfant peut attendre jusqu'à demain; les deux proscrits ont besoin de nous, non pas demain, mais tout de suite, à l'heure où l'étoile du berger montera sur ces voûtes silencieuses! » Disant ces mots, elle entr'ouvrit d'une main discrète la longue fenêtre qui, partant du parquet même, touchait au plafond couvert de peintures, et, restée seule, elle se mit à songer profondément. La journée allait s'assombrissant dans une lumière décroissante, mais vive encore, et d'une harmonie à demi sauvage. Tout l'enclos de l'Enfance était plongé dans cette ombre éclairée où la nuit qui commence se mêle au jour qui finit, dans une confusion charmante, pendant que toutes les plantes de la création méridionale se confondent et s'endorment dans le concert unanime des actions de grâces que bourdonnent les insectes au-dessous des fraisiers, les abeilles au-dessus des jasmins. La vie et le silence étaient également répandus dans les diverses parties de cette maison, semblable à un vaste échiquier dont chaque habitant occupait un monde à part. Les enfants chantaient au sortir des petites écoles, les bœufs mugissaient au retour des pâturages; chaque habitante de ces beaux lieux, sa journée accomplie, revenait à la ruche bienfaisante comme fait l'abeille à la tombée du soir; dans les jardins, le tournesol penché au midi s'endormait de façon à saluer le soleil matinal; dans les cuisines remplies d'une flamme odorante, se préparait le repas du soir; dans la salle à manger, les tables étaient disposées avec un grand luxe de porcelaine, de vaisselle d'étain luisante comme l'argent, de linge ouvré et damassé, chaque serviette représentant un oiseau de proie ou quelque monstre de la fable. O l'admirable concert des plus charmantes choses de ce monde! L'ordre, le bien-être, la propreté, la jeunesse, le travail, la bonne conscience, le repos au dedans, l'estime au dehors. Madame de Mondonville, accoudée au balcon de sa fenêtre, contemplait en silence ce petit univers dont elle était la providence visible; on eût dit qu'en ce moment le ciel voulait récompenser cette guerrière de toutes les peines qu'elle s'était données pour la vérité, pour la charité, pour la justice. Ce coin du ciel semblait sourire; ce coin de terre était heureux; les fées de la Garonne, au visage transparent, sortaient une à une de leurs retraites, pour saluer et encourager ces étoiles bienveillantes qui laissaient tomber leurs plus douces clartés sur ces demeures bénies.

Dans cette ombre favorable à ses projets, le regard de la supérieure cherchait à découvrir deux hommes qui se promenaient en silence, à l'extrémité de ces jardins, autour d'un bassin de marbre à demi ruiné, qui avait été creusé, à cette place, sous le règne de Henri IV, pour y recevoir quelque humble filet d'une onde pure amenée en ce lieu à la faveur de la paix. La paix s'était enfuie, et la source s'était cachée, à la mort de Henri le Grand; dans le bassin brisé, quelques poignées de cresson représentaient toute la fraîcheur disparue. O chute énorme d'un si grand roi! La marguerite s'en étonne dans les prés, l'étoile en pleure dans le ciel!

Le père Cerle et le père Aubarède, arrachés au cachot, arrachés au dernier supplice, assistaient indifférents aux grâces et aux splendeurs de cette soirée, et leur regard, détaché de la terre, se perdait en mille contemplations. Ces deux hommes n'étaient pas de ce monde; ils appartenaient à cette race perdue de théologiens inflexibles qui ont disparu d'ici-bas, avec la monarchie de l'Eglise et l'autorité du pape, dans l'universalité des terres chrétiennes. Ces âmes de fer ne séparaient pas la vérité de la logique; toutes leurs actions étaient non-seulement religieuses, mais canoniques. Hommes nés pour le martyre, et qui s'indignaient tout bas d'avoir lâchement renoncé à ces palmes; que la force de leur corps répondît à leur courage, ou que l'enveloppe mortelle pût à peine suffire aux supplices dont ils étaient menacés, ils ressentaient le même courage; l'âme du père Cerle, créature chancelante et débile, où rien ne vivait que le regard, était l'âme du père Aubarède; semblable à Ajax Télamon, ou à tout autre soldat d'Homère, devenu docteur de Sorbonne!

Dans leur ardeur de résistance et de controverse, ces deux proscrits s'inquiétaient beaucoup moins de leur tête mise à prix que de la vérité et de la sincérité de leurs doctrines. « A quoi bon affronter pour des questions de droit les plus cruels supplices? » disaient tout bas les hommes de bon sens selon le siècle. « A quoi bon, répondaient ces deux hommes voués à l'échafaud des parricides, la colonnade du Louvre? L'Evangile est un Louvre divin, et sa beauté consiste à rencontrer même des martyrs inutiles dont la mort et le témoignage composent un ornement bienséant aux vérités incontestables. Car si je meurs pour une question de droit, qu'aurais-je donc fait pour l'Evangile? Si je monte à l'échafaud pour monseigneur d'Alet ou de Pamiers, pensez donc si je me jetterais volontiers dans les flammes en l'honneur de l'Eglise universelle? » Obstinés sublimes! dignes enfants de saint Augustin! soldats de la légion thébaine qui veulent bien se battre pour le prince, pourvu que l'ordre leur en vienne d'en haut!

Telle était la grandeur de leur conviction et de leur courage qu'il avait fallu les arracher de force à la prison où ils attendaient la mort, et maintenant que l'heure du départ définitif était proche, et que la liberté s'offrait à eux, ils hésitaient, ils se consultaient tout bas, se demandant s'ils avaient bien le droit de refuser leur tête au bourreau.

L'heure de la fuite était venue, tous les préparatifs du départ s'étaient accomplis dans cette maison hospitalière, avec ce zèle de rébellion qui donne au danger même un attrait invincible. « Partons, messieurs, dit madame de Mondonville, tout est prêt, et que Dieu nous protége! Dans trois jours vous serez à l'abri de la méchanceté des hommes! » En même temps elle tirait de sa poche profonde une clef brillante qu'elle introduisait dans la serrure rouillée au dehors, nette et huilée avec soin à l'intérieur... Mais, ô surprise! la porte s'ouvrit et se referma brusquement, et l'on vit entrer, dans ce lieu caché à tous les regards, l'abbé de Ciron, que tout le monde savait en exil, et un homme inconnu qui l'avait accompagné et qui se tint contre la muraille, dans l'ombre, pendant que madame de Mondonville, à l'aspect de M. de Ciron, pâli par la souffrance et par la fatigue, se demandait si elle n'avait pas sous les yeux le fantôme de son amant.

Peu s'en fallut même qu'elle n'éclatât en larmes et en sanglots à l'aspect de cette apparition inattendue; mais elle se sentait sous le regard implacable du père Cerle et du père Aubarède, et elle refoula sa douleur mêlée de joie. Calmes et silencieux, les deux proscrits attendirent l'explication de ce mystère : ils ne témoignèrent ni curiosité ni terreur; ils étaient de ces hommes que rien n'étonne; libres ou sur l'échafaud, ils savaient qu'ils appartenaient à la Providence! Non, certes, il ne sera pas dit que ces hommes vaillants auront eu peur, un pied dans la tombe et le front dans le ciel! Les bourreaux sont impuissants à les dompter! Coupez ces mains qui peuvent écrire, arrachez ces langues qui peuvent parler, vains efforts! la vérité a des voix, des accents, des vengeances que rien n'arrête... On se salua de part et d'autre, avec la réserve et la politesse de gens bien élevés qui se rencontrent dans un jardin public, et chacun se plaça sur des siéges rustiques, à l'ombre d'un vieux platane sur lequel M. de Ciron s'appuyait, enveloppé dans son manteau.

Quand chacun eut pris place, et madame de Mondonville assise un peu à l'écart, l'inconnu, après s'être bien assuré que la porte était fermée : « Nous sommes venus à temps, dit-il, M. de Ciron et moi, pour vous prévenir que la fuite était impossible ce soir. Le vaisseau anglais qui devait vous prendre à son bord a repris la haute mer; tous les gardes de la côte sont en armes et veillent. Nous avons nagé jusqu'au rivage, nous avons marché nuit et jour, et puisque le malheur, la persécution et le danger nous rassemblent, laissez-moi vous dire, messieurs, avec la permission de M. de Ciron et de madame la supérieure, qu'il serait temps enfin de relever la tête et de regarder le danger face à face. Eh quoi! nous voilà quatre hommes, honnêtes gens, fidèles à notre foi, soumis aux lois du royaume, sujets dévoués, qui sommes forcés de nous cacher comme des voleurs dans la nuit profonde! Cela tient pourtant à ceci, que dans le même exil et sur le même échafaud nos croyances religieuses ne représentent pas tout à fait la même nuance. Réunis, nous serions une armée; séparés, nous sommes à peine un troupeau. Eh quoi! toujours des protestants et toujours des jansénistes, comme si, à tout prendre, nous n'étions pas les enfants de la même mère? Que dit votre Eglise, par la voix de son prophète saint Cyran? « Aussi vrai qu'il n'y a qu'un Dieu, aussi vrai il faut mettre à néant les mystères inutiles. » Luther et Calvin, nos maîtres, n'ont pas mieux dit. L'Eglise universelle est une société d'hommes justes et libres, contre lesquels l'arrêt du juge et la volonté du roi lui-même ne sauraient prévaloir. Voyez dans quel abîme nous ont précipités nos discordes! Le fer, le feu, la prison, le gibet, l'exil, voilà notre sort; de nos maisons de prières l'iniquité a fait une caverne de violences. O France! pareille à Rebecca, tu portes dans tes entrailles deux peuples qui sont en division, qui étaient faits pour s'entendre et se réunir : *duæ gentes in utere tuo*. Et pourquoi ne pas nous réunir vous à nous, nous à vous? Pourquoi jouer le rôle des moutons que le loup dévore, et ne pas être quelque peu loups à notre tour? Nous autres protestants et vous autres jansénistes, nos opinions sont les mêmes sur les attributs de Dieu, sur la Trinité, sur la chute des anges, sur le péché; les uns et les autres nous croyons à la rédemption des hommes et à la mort du Christ sur la croix; nous honorons la Vierge, les saints, les patriarches, les prophètes; nous avons la foi et la charité; est-ce notre faute si nous avons perdu l'espérance? Chrétiens que nous sommes, on nous exile du royaume qui nous a vus naître, pendant que les rabbins de Metz, de Bordeaux et de Bayonne appellent librement les juifs aux synagogues, et que les fils de Mahomet exercent librement leur culte à Marseille! Oui, l'idolâtre et le gentil sont mieux traités que le chrétien dans le Poitou, dans le Dauphiné, dans le Vivarais, dans toute la province du Languedoc. Baptiser un de nos enfants est un crime; nous composons un peuple honteux au milieu du vrai peuple;

tributaires sans être sujets, Français sans appartenir à la France, mêlant notre sang à nos larmes... Essayons de fuir, soudain se ferment à grand bruit les portes de ce royaume, devenu une Bastille, dans laquelle nous sommes forcés de vivre sans culte, sans lois, sans pitié, sans femmes, sans enfants, sans respect, sans tombeaux! »

Cet homme énergique et indigné parla longtemps avec la conviction du désespoir. Il avait quitté une retraite sûre pour venir, au péril de ses jours, tenter cette alliance des jansénistes et des protestants du Languedoc, ceux-là persécutés pour la régale, et ceux-ci menacés de la révocation de l'édit de Nantes; car, bien que le traité n'eût pas encore été déchiré publiquement, les protestants comprenaient, à certains signes infaillibles, que l'heure était proche et que les anciennes persécutions allaient reparaître. Hélas! on ne savait pas encore que la tyrannie est la plus détestable des controverses; que les épées, les mousquetons et les cuirasses sont d'exécrables missionnaires, et que plus d'un temple démoli devient souvent une forteresse inexpugnable. « On se retranche derrière la volonté du roi de France, ajoutait l'orateur; mais a-t-on consulté la volonté de l'empereur, du roi de Pologne, du parlement d'Angleterre, du roi de Danemarck, du roi de Suède, des électeurs et des princes de l'empire, des villes impériales, de l'électeur de Saxe et de Brandebourg? Tous les princes et toutes les communions de l'Occident se révoltent contre ces violences. « Forcez-les d'entrer! » c'est le mot royal; mais qui les empêchera de sortir? Et la France, est-elle donc assez riche et assez forte pour se priver de l'or, de l'argent et des outils de huit cent mille familles et de tant d'épées vaillantes de tant de soldats qui ont appris la guerre sous Henri IV et sous Gustave-Adolphe, le champion protestant? Eh quoi! vous mettez le feu à la cage et vous pensez retenir les oiseaux? Eh quoi! des hommes d'Etat, qui cherchent la religion comme faisait ce boucher qui, pour égorger un agneau, cherchait son couteau qu'il tenait entre ses dents! Un fils qui déchire les contrats de son père! Un roi qui donne un si cruel démenti aux rois, ses prédécesseurs, qui va plus loin que la tyrannie même des tyrans antiques, et qui retranche d'un trait de plume la cinquième partie du peuple que Dieu avait placé à l'ombre de son sceptre! Jusques à quand les souverains traîneront-ils les nations à la remorque de leurs croyances? Si le roi d'aujourd'hui a le droit de changer la religion de la veille, le roi du lendemain changera la religion du jour suivant; pendant que le roi catholique pèse sur la foi des protestants, le roi protestant pèsera à son tour sur la foi des catholiques, et comme le genre humain est divisé en mille religions différentes, vous établissez la guerre universelle. Triste besogne! appeler l'échafaud à l'aide de l'orthodoxie! Prenez-y garde! ainsi sont tombés les plus grands empires. Voyez, au contraire, les libres cités de la Hollande : tout y fleurit, les arts, les sciences, les manufactures, le commerce. On peut prendre aux exilés français leurs maisons et leurs terres, ils emporteront de quoi en gagner d'autres à l'étranger : leur industrie et leurs métiers. Voilà nos misères, à nous, les victimes de la religion réformée; les vôtres ne sont pas moindres, messieurs. Encore un instant, écoutez-moi! Voyez, que de périls amoncelés sur vos têtes! Comptez donc combien de vos maisons religieuses et de vos monastères traités comme des repaires de voleurs; tant de serments exigés d'un jour à l'autre, qui se contredisent dans le fond et dans la forme; tant d'anciens canons appuyés sur les usages du royaume très-chrétien, abrogés par le caprice d'un commis ou d'un cuistre de sacristie, et ces vieux évêques, vos coreligionnaires, forcés dans leurs retranchements, et tant d'évêchés remplis de désolation et de trouble : Sens, Châlons, Boulogne, Angoulême, la Rochelle, Comminges, Conférans, Saint-Pons, Lodève, Vence, Mirepoix, Agen, Saintes, Rennes, Soissons, Amiens, Tulle, et même l'évêché de Meaux, placé cependant sous ce fameux bâton pastoral qui tient dans sa noble main le plus lumineux génie qui ait illustré l'Eglise depuis saint Paul; ce sont là des faits, et des faits sans réplique. Allons, courage! tyrans des âmes, bourreaux des corps! Placez toutes ces têtes vénérables entre la corde et le bûcher, entre la prison et les galères; forcez-les, ces martyrs, à mener, sur la fin de leurs jours, une vie errante et sauvage dans les montagnes, dans les déserts, à l'intempérie des saisons; plus malheureux que le prophète Daniel au temps de la persécution d'Antiochus, plus à plaindre que les apôtres sous l'empereur Dioclétien! La fuite dans la persécution, voilà, en effet, la peine qui nous attend vous et nous jusqu'à la fin de nos jours, si nous ne savons pas plier nos têtes rebelles sous le joug d'une alliance nécessaire. Combien d'alliances qui paraissaient plus difficiles que l'alliance et concorde des protestants et des jansénistes du Midi! Abraham fait amitié avec Abimélech l'infidèle; Jacob avec Laban l'idolâtre; David et Salomon avec les rois d'Egypte et de Tyr; les Machabées font alliance offensive avec les Lacédémoniens, enfants de Pallas, et les Romains, fils de Jupiter! Nous-mêmes, les chrétiens de la religion réformée, nous venons en droite ligne de la réunion des luthériens et des calvinistes. Avons-nous donc, les uns et les autres, la prétention d'être plus habiles et plus sages que tant de prophètes, de patriarches, de souverains pontifes qui ont défendu, par les armes même païennes, non-seulement leurs domaines, mais leurs décrets et leurs sentences? ou bien la guerre, quand elle est juste, pourrait-elle étonner de nobles âmes? Mais Dieu lui-même s'appelle le dieu des vengeances et le dieu des armées! Mais dans les saintes Ecritures il y avait un livre intitulé : *Des guerres du Seigneur!* Mais dernièrement ce grand archevêque de Tolède, qui fut plus tard le cardinal de Ximénès, avait souvent cette parole à la bouche : « Que dans les armées la poudre à canon lui rendait une odeur aussi agréable que les parfums de l'encens dans les temples. » Croyez-moi, quand on a pour soi la loi et la justice, on est bien fort. En vain on nous condamne à tous les supplices de l'âme et du corps; en vain notre maison est au pillage, notre famille est dispersée; en vain les plus heureux d'entre nous vivent misérablement par la campagne, sans abri, sans vivres ni fourrages; en vain un nouvel arrêt nous ôte chaque jour quelqu'une de nos prérogatives, tantôt les fleurs de lis qu'on efface de nos temples, tantôt les robes rouges et les chaperons (*) que l'on chasse de nos églises; déjà depuis longtemps nous avons perdu notre droit de récusation, nos places de sûreté et nos forteresses, nos synodes et nos consistoires, nos réunions triennales et nos députés généraux à la cour; on dirait que notre dernière heure est arrivée, et qu'il n'est plus question des serments du roi à son sacre. Ainsi, en dépit des traités, toute protection nous est enlevée, toute justice nous est refusée; on nous attaque et nous n'avons plus le droit de nous défendre! nos écoles sont fermées, on insulte nos ministres, on insulte nos autels; la lecture de la Bible est un crime digne des galères; on jette aux vents tous nos livres, déchirés en mille parcelles, avec défense de les réimprimer, sous peine de mort! Où s'arrêteront cette inquisition et cette contrainte? Qui fléchira ces rigueurs implacables? Hélas! de toutes parts, au dehors de la France, nous sommes appelés et sollicités par nos frères. « Venez à nous, infortunés! » s'écrient les protestants de la Suisse, de l'Angleterre et de la Hollande. « Partons ensemble! » nous disent des bords de l'Océan les puritains qui s'en vont, à la suite de leurs pères, chercher la liberté dans le nouveau monde! Le Danemarck et la Suède nous attendent! le Brandebourg nous bâtit des temples! « Venez! n'attendez pas la révocation de l'édit de Nantes! Venez!

(*) Arrest du conseil d'Estat du Roy, par lequel Sa Majesté a ordonné que ses Armes et fleurs de Lys seront ostées des Temples de ceux de la R. P. R. avec défenses d'y porter les Robbes rouges ny autres marques de Magistrature.

n'attendez pas les injustices suprêmes! Venez! nous vous rendrons votre religion, votre famille, votre fortune, votre liberté! »

A ces plaintes du protestant révolté contre son roi, le père Aubarède et l'abbé Cercle restèrent aussi épouvantés que s'ils eussent assisté à quelque odieux sacrilége. L'abbé Cercle voulait répondre, mais tant d'arguments s'exhalaient de son indignation et de sa colère, que la voix lui manqua... Le père Aubarède, plus calme et dominant de toute sa hauteur cette discussion, d'où pouvait sortir une guerre civile : « Monsieur, dit-il au député des Eglises, si nous avons bien écouté vos lamentations et vos colères, vous voulez nous ramener aux temps horribles de la réforme, à votre guerre d'un demi-siècle, aux massacres de la Saint-Barthélemy, aux fureurs de la Ligue, au meurtre du duc de Guise, à l'assassinat de Henri III; vous voulez tirer de leurs cendres à peine éteintes ces révoltes, ces assassinats, ces incendies, ces crimes des deux côtés, ces bûchers des deux parts, durant ces trois guerres civiles où se sont répandus à longs flots le sang et l'honneur de la France; vous tentez là un grand crime certainement, et à nous-mêmes vous nous donnez une bien triste preuve de votre respect pour notre caractère personnel, lorsque vous semblez croire que nous allons vous tendre la main et vous aider à organiser un Etat calviniste dans nos provinces, sous la protection de l'Angleterre peut-être, de l'Espagne sans doute? Non, monsieur, nous ne sommes pas des protestants déguisés; nous sommes des prêtres catholiques, apostoliques et romains, qui rendons à Dieu ce qui est à Dieu, à César ce qui est à César! Eh quoi! avez-vous pensé sérieusement que les disciples de saint Augustin viendraient en aide aux fils de Calvin, et que nous irions fomenter, de compagnie avec vous, des hérésies dignes de Jean Hus, de Jérôme de Prague et des féroces anabaptistes de Münster? Vous vous plaignez des représailles du parti catholique... Ne vous souvient-il plus des violences que vous avez exercées sur les religieux et sur les prêtres de Jésus-Christ? Mais la province entière est remplie de ces sanglants souvenirs : voici les tours du haut desquelles vous précipitiez les catholiques; voici les puits et les abîmes où ils étaient jetés tout vivants; nous avons gardé les requêtes de vos consistoires pour contraindre les papistes à embrasser la réforme par taxes, par logements, par démolition de maisons! Allez! allez! retenez vos plaintes; sinon nous exhalons les nôtres, et prenez garde! les registres des hôtels de ville de Nîmes, de Montauban, d'Alais, de Monpellier, de Toulouse même sont remplis de vos fureurs! Qu'avez-vous fait à l'assemblée de Grenoble, sous le duc de Rohan, et comment avez-vous obéi à votre édit? A l'heure où la France se battait en Italie pour en chasser les Espagnols qui l'enserraient de toutes parts, vous avez tenté, ô quelle honte pour des Français! en guise de diversion, une émeute en Languedoc; vous avez soulevé le Dauphiné; vous avez agité la Provence; vous avez été les ennemis du roi, vous avez été les ennemis de la France; vous nous avez inondés de vos prédications et de vos livres; vous êtes, en fin de compte, les héritiers et les successeurs de tous les hérésiarques armés que signale le concile de Latran, en son vingt-septième canon : Cathares, Patarins, Navarrais, Basques, Cottereaux, Triaverdins; et vous aussi, dans vos royaumes, au temps de vos prospérités passagères, vous avez brisé nos autels, renversé nos temples; vous avez déchiré nos livres et nos lois; vous avez insulté, vous insultez encore notre saint-père au sommet du Vatican. Dernièrement encore vous avez ensanglanté les bords du Rhône et désolé le Vivarais!

» Malheureux, vous qui tentez de rallumer les flammes de ce foyer du calvinisme, vous avez espéré que nous vous suivrions dans cette voie ardente, pour quelques jours de persécution et d'exil que le ciel nous aura envoyés dans sa bonté! Non, monsieur, et rendez-nous enfin plus de justice; car aussi vrai qu'il n'y a qu'une Eglise sur la terre, et un seul Dieu dans le ciel, nous aurions plus vite fait de ressusciter votre amiral de Coligny et de relever ses deux mille cinq cents églises, que de renverser, pour l'honneur de votre protection, les lois strictes du concile de Nicée, le rempart et le bouclier de la foi orthodoxe! Oui, nous préférons la prison, l'échafaud et les horreurs de la fuite à votre complicité dans l'art funeste d'assoupir et de corrompre la conscience des peuples! Que vous regrettiez le temps où Calvin et Luther se répandaient librement dans la France du midi, tenant le Dauphiné et le Poitou, la Saintonge et la Guyenne, dominant la Loire à Saumur et la mer par La Rochelle, je le comprends et je m'en afflige; mais que nous-mêmes, nous, les amis des évêques persécutés pour leur fidélité au saint-siége, nous fassions des vœux pour la prospérité de vos armes renaissantes, que nous vous aidions à rompre de nouveau l'ensemble de ce florissant royaume chrétien en petites dynasties huguenotes, voilà à coup sûr une des plus étranges prétentions qui aient jamais troublé la modération et l'indulgence de l'Eglise : *Justam Ecclesiæ moderationem!*

» Donc, s'il vous plaît, nous resterons jusqu'à la fin ce que nous avons été toujours, enfants de l'Eglise, notre mère, et sujets du roi, notre sire. Au nom même de l'Evangile, nous refusons, venant de vous, toute alliance et toute sympathie. Si vous invoquez les serments du roi enfant, nous vous répondrons que ce fut, en effet, un grand malheur lorsqu'on lui fit jurer, le jour même de son sacre, que la religion protestante n'était pas une hérésie. O faiblesse indigne, non-seulement de cette couronne, mais de la reine et du ministre qui la conseillaient! Une reine, un cardinal, qui prêtent les mains à ce mensonge : que la religion réformée n'est pas une hérésie! Alors Henri IV lui-même s'est déshonoré en abjurant la religion de Jeanne d'Albret, la huguenote impitoyable! Et maintenant vous dites qu'à cette heure l'édit de Nantes est en péril, que votre religion va être supprimée de la surface de la France! O mon Dieu! le beau jour, en effet, si le roi Louis XIV a été éclairé à ce point d'un rayon de votre lumière! »

En ce moment, la longue rue qui longeait la maison de l'Enfance se remplit d'un bruit sinistre; on eût dit le bruit d'une armée, une armée abattue et écrasée de fatigue qui traîne après elle ses canons, ses tambours, ses musiques, ses drapeaux, ses cavaliers, ses caissons, et cette rumeur sourde qui s'exhale d'une multitude silencieuse, dans le silence d'une grande ville endormie. On pouvait compter les pas; on voyait briller les torches au-dessus des murailles; on entendait passer les chariots chargés, au milieu de ce long cortége, dans cette nuit lugubre, réveillée en sursaut.

« Silence! dit le protestant à voix basse... Entendez-vous ce bruit armé?... Ou je me trompe fort, ou c'est M. de Basville et sa troupe qui nous viennent de Paris, apportant les lambeaux de l'édit de Nantes à la pointe de leurs épées!... »

A cette nouvelle de l'édit de Nantes déchiré, l'abbé Cerle, énergique vieillard, retrouvait soudain sa voix et son enthousiasme de vingt ans; il se mit à entonner, de façon que l'armée devait l'entendre, le *Nunc dimittis*, le cantique du vieux Siméon. Le feu était dans son regard, l'airain dans sa voix; il avait les deux mains au ciel, comme s'il eût voulu attester le ciel de la grandeur et de la magnificence de l'action que venait d'accomplir le roi de France. A mesure que passaient les soldats, le fanatique ajoutait un couplet à son cantique d'actions de grâces. « *Te Deum laudamus!* » s'écriait-il, oubliant qu'il était un proscrit, un condamné à mort, et que, s'il était découvert, il entraînait toute la maison dans sa ruine. *Te Deum laudamus!* O Dieu! donnez-nous la force et le courage, et sauvez les lis français! *Da robur! serva lilium!*

« — Ainsi soit-il! *Amen!* » dit le père Aubarède, son chapeau à la main.

Le bruit des soldats se perdit dans le lointain; la voix du vieux prêtre se perdit dans le ciel. En ce moment l'envoyé des églises protestantes, aidé de madame de Mondonville, relevait l'abbé de Ciron, évanoui au pied de l'arbre où il s'était appuyé.

XIX

Les filles nobles de l'Enfance, quand elles n'étaient pas appelées au dehors par leur service auprès des malades, ou retenues dans les écoles, occupaient, pendant le jour, un immense salon qui avait été la salle de gala de l'hôtel Mondonville, et qui servait maintenant de pharmacie à la maison. Dans cette pièce vaste, aérée et percée de larges fenêtres qui prenaient le soleil sur la cour et l'ombre sur le jardin, se voyaient encore les glaces, les trumeaux, les consoles, les dorures, les ornements de la splendeur mondaine, mêlés à toutes sortes de préparations et de compositions *selon la formule;* les rideaux de soie armoriée étaient soutenus par d'immenses chapelets de pavots, d'herbes salutaires et de racines desséchées. Ce salon était une officine où se trituraient activement bien des drogues et bon nombre de médisances. L'aiguille et la parole y marchaient d'une activité égale; le conte, le récit et les bonnes œuvres y avaient leurs libres entrées; ici mademoiselle de Saint-Paulet ourlait la robe d'une communiante; plus loin mademoiselle de Fourquevaux préparait le linceul d'un mort; au milieu de la salle, la maîtresse des novices, mademoiselle d'Alençon, pareille à la déesse Hygie en robe de combat, pilait dans un mortier de marbre, moins blanc certes que ses bras, pendant que tout à l'extrémité de la salle, mademoiselle de Berthier et ses dignes compagnes raccommodaient d'une main diligente les hardes fraîchement lavées d'une foule de pauvres et d'infirmes confiés à leur garde; on causait, on riait, on racontait des histoires plutôt lugubres que joyeuses; par exemple l'histoire du marquis de la Douze, empoisonneur de sa femme, condamné à mort par le parlement et marchant au supplice dans le même tombereau que sa maîtresse, la fille du président Pichon de Bordeaux.

« Et moi, qui suis un peu plus vieille que vous, mesdemoiselles, disait la bonne dame Elisabeth Donnadieu, je les ai vus passer, elle et lui, comme je vous vois en ce moment, ma belle d'Alençon : le marquis de la Douze avait à peu près l'âge de ce terrible marquis de Saint-Gilles, qui pourra bien finir comme lui. Mademoiselle Pichon était, elle aussi, dans tout l'éclat de la jeunesse et de la beauté. Elle allait, assise entre deux capucins qui semblaient l'exhorter. Elle était mignonne et d'assez belle taille, un teint délié à fond vermeil, de beaux yeux brillants et froids comme la glace, d'un bleu mourant, à fleur de tête, de belles mains, sans os et sans veines apparentes, le front étroit, la bouche fermée et menaçante. Oh! c'était une de ces créatures que l'on n'oublie pas une fois qu'on les a vues, tant elles semblent faites tout exprès pour attester la puissance et la mauvaise humeur du Créateur! »

Ici mademoiselle Donnadieu poussa un cri horrible, un cri d'effroi. Le fantôme dont elle faisait la description venait d'entrer dans le laboratoire et présentait ses lettres de crédit à mademoiselle d'Alençon!

Cette fière et énergique Athénaïs d'Alençon ressemblait en effet à la souveraine de ces lieux; elle tenait, de sa main nue et brillante, le pilon d'airain, comme si elle eût tenu un sceptre d'or; elle prit la lettre que lui présentait le fantôme, et, après l'avoir lue d'un œil sérieux, son regard se posa sur la nouvelle recrue que faisait l'Enfance; ce regard était perçant comme une épée. Mademoiselle de Verduron, car c'était elle, y répondit par une profonde révérence et qui sentait sa demoiselle. « Mesdames! dit enfin mademoiselle d'Alençon, je vous présente la nouvelle fille de l'Enfance que nous envoie, à ses frais, Sa Majesté la reine! Il est bon de la recevoir de notre mieux, madame la supérieure le veut ainsi.

« — Mais, s'écria la nouvelle arrivée, c'était à madame

la supérieure perpétuelle que je voulais parler! — Vraiment, mademoiselle? Ah! vraiment! Il faut attendre, madame la comtesse n'est aux ordres de personne; apprenez donc tout de suite à lui obéir. Vous la verrez demain peut-être, dans six mois peut-être, et cependant posez sur ce banc ce paquet qui vous gêne; nos servantes le porteront dans votre chambre, où vous le retrouverez ce soir. »

A cet ordre net et précis, notre belle demoiselle de Verduron se trouva toute confuse et décontenancée; elle eût donné, en ce moment, son marquisat de Saint-Gilles, et son plus beau collier par-dessus le marché, pour être déjà hors de cette maison. Cependant elle fut s'asseoir dans un groupe où se parfilait le vieux linge pour la charpie, et, à peine assise, elle devint le sujet du chuchotement général. « Qui est-elle? D'où vient-elle? Son nom? Sa famille? Elle est belle, oui, mais dédaigneuse! Vous verrez que ce sera quelque relapse, ou quelque Madeleine pénitente, ou quelque Ariane abandonnée! *Ariane, ma sœur!* » Car tout le joli Racine in-12, imprimé à Amsterdam, chez Abraham Wolfgang, était sur les toilettes de ces dames. Bientôt le chuchotement grandit, et il fallut répondre directement à des questions faites à brûle-ceinture. Chose étrange! pour la première fois de sa vie, notre Verduron se sentit mentir; oui, elle n'était déjà plus la femme libre et insolente qui donnait le ton et la volée aux médisances de la rue des Tournelles. Disons tout, elle avait peur! Ces bruits, ces silences, ces voix, ce travail, ce luxe mondain, ces haillons raccommodés par des aiguilles d'or, l'odeur même de ce laboratoire, où les mille senteurs de l'ambre et de l'orange, de la cochenille et du benjoin, se mêlent à la suave odeur des plates-bandes qui courent à travers ce parterre de mille fleurs, ce remue-ménage d'emplâtre et de bouquet, de ruelle et d'hôpital, jetaient cette créature perverse dans un trouble immense. Comment! elle s'attendait à pénétrer dans un abîme, elle tombait dans un salon!

Elle cherchait des crimes, elle trouvait la causerie et l'ironie des plus élégantes réunions! Elle était venue pour tendre un piége et dans ce piége elle était prise, tant elle se sentait étudiée, envahie et dominée de toutes parts!

Heureusement pour elle, la conversation tomba net du côté des ajustements et des fanfioles! Comme pas une des habitantes de ces domaines n'avait renoncé, tant s'en faut, à cette grâce d'instinct qui est la seconde vie des femmes, elles étaient restées, bel et bien, peu ou prou, ce que la bonne nature les avait faites... des curieuses et des coquettes, qui confondaient souvent la toilette avec la prière, qui se regardaient avec autant de complaisance dans leur conscience que dans leur miroir. Elles étaient belles et elles étaient bonnes, voilà la grande excuse; elles pensaient que de nobles mains, bien lavées dans une eau claire et parfumée, ajoutaient une faveur à l'aumône, et qu'une sœur de charité bien vêtue plaisait au pauvre sans déplaire au bon Dieu. En fait de goût, elles s'en rapportaient plutôt à sainte Thérèse qu'à saint Jérôme; elles tendaient, il est vrai, au royaume du ciel, mais elles voulaient s'y rendre par les beaux sentiers, par le plus court chemin, et sans laisser les lambeaux de leur parure innocente aux ronces de la route. Pourquoi d'ailleurs cette bure et ces sandales plutôt que cet habit de taffetas et ces mules de velours? et pensez-vous vraiment qu'une belle étoffe, ornée de propreté et de rubans, soit contraire à la modestie chrétienne? Loin de là; et il leur semblait, en effet, qu'une digne créature, chaste et pure, agenouillée aux autels, dans un habit décent comme son attitude, ni pauvre ni riche, mais qui suffit à la parer, ne saurait déplaire au Créateur. L'Eglise, d'ailleurs, a ses bienséances comme le siècle; elle ne défend pas un peu d'élégance et la mode suivie à certaine distance. Que les femmes mondaines gardent, pour le service de leurs passions et de leur beauté, la broderie aux habits, le diamant aux oreilles, le fard au visage, les faux cheveux et les chiffons de la Busigny, nous sommes contentes de peu, parées de rien, mais encore faut-il nous laisser ce rien-là.

Notez bien qu'elles étaient d'autant plus méritoires en cette complète abnégation, qu'elles étaient plus habiles et plus versées dans le grand art des frères de Sainte-Marie-Nouvelle de Florence, ces passés maîtres fabricateurs d'eaux souveraines et de cosmétiques infinis, soit qu'il fallût emprunter leurs parfums aux fleurs les plus suaves, soit qu'il fallût composer, à l'aide des recettes les plus excellentes, ces charmes, ces amulettes, ces poudres, ces pastilles, ces opiats et ces conserves qui sont l'appareil ordinaire de la beauté. Quel plus beau vermillon, je vous prie, un brin de cochenille distillé dans l'eau de plaintain, et quelle plus grande abnégation que de ne pas s'en servir? Elles savaient combiner, non pas certes pour elles-mêmes, en tant de façons surnaturelles et charmantes, dans leur alambic de Jouvence, l'esprit réparateur de la fraise et de la menthe, l'esprit réjouissant du romarin et de la marjolaine, qui chasse la cynosure de l'âme, l'essence de l'ambre gris pour les languissantes, la quintessence du safran pour les affligées! Laissez-les faire, avant peu elles vont proclamer le triomphe définitif du quinquina et de l'émétique. Aussi bien elles comptent dans leur clientèle les plus nobles clientes parmi les femmes savantes de la ville et de la cour. La comtesse de Fiesque et madame Desroches, madame Suzanne de Pons et la comtesse de Saint-Géran ne se fournissent que chez elles. Les plus belles dames et les plus jeunes : mesdames de Valentinois, de La Melleraie, de Brancas, Rohan-Montbazon, la princesse d'Elbeuf, la duchesse de Guiche, ne font leurs commandes qu'aux filles de l'Enfance. Elles seules, en France, elles possédaient la recette admirable de l'eau de Charles-Quint contre les migraines! Approchez-vous, et soyez guéris, vous tous qui êtes en peine de quelque maladie contre laquelle la science s'est brisée! Elles emploient l'hysope pour les aveugles, la civette pour les sourds; avec un grain d'encens dans une pomme, elles guérissent la pleurésie; à la fleur de lavande combinée avec l'aloès, les paralytiques ne résistent guère. Ce serait à crier : Au miracle!

O chères filles! le vrai miracle se composait de leur patience, de leur bienfaisance, de leur bonté!

Sur l'entrefaite, une des jeunes charités de l'Enfance, semblable à un rayon de clair soleil dans une plate-bande de tulipes, entrait dans le salon où nous sommes, donnant le bras (branche fleurie, sur laquelle s'appuyait cette indigence) à un vieil homme, horriblement chargé de maladie et de misère. Aussitôt on se lève, on s'empresse, on entoure le vieillard qui a fait une longue route pour implorer cette assistance; on le débarrasse de son bâton, de son bissac, de ses haillons; il était nu, ou peu s'en faut, sous ces regards chastes et fiers; mais où est le mal? la charité n'est-elle pas le plus épais de tous les voiles? « Bonjour, bon homme! s'écria mademoiselle d'Alençon, une main appuyée sur le mortier de marbre, et de l'autre main essuyant son beau front tout ruisselant d'une noble sueur; soyez le bienvenu; on vous attend; nous pilions pour vous dès le point du jour. »

Et comme la Verduron, à l'aspect de cet homme, ou plutôt de cette proie vivante de la misère et de l'âge, avait poussé un cri d'horreur et de dégoût : « A la bonne heure, reprit mademoiselle d'Alençon, voilà une demoiselle douillette de la bonne façon et qui ne comprend pas que l'on s'amuse à panser les lépreux, comme le grand saint François. Ah! fi! Mais, ma toute belle, ne voyez-vous pas que tout ceci est un jeu? Approchez-vous, ô charmante malheureuse! prenez courage, et regardez-moi de près ce faux mendiant, ce pauvre de comédie, et rassurez-vous, car, ou je me trompe fort, ou voilà un cavalier à marier qui se sera déguisé en mendiant pour chercher une épouse à son gré dans cette réunion de gentillesse et de courtoisie, et quand il aura fait son choix, et qu'il sera bien sûr d'être aimé pour lui-même, il se trouvera que le susdit chevalier errant est pour le moins le fils d'un roi, et la dame choisie par lui sera une reine! Allons, fouillez, fouillez, vous dis-je, dans cette valise habilement trouée, et je gage que vous allez en retirer des

escarpins à talons rouges ou bleus, des bas de soie à jour, une veste brodée d'or, un habit dont le velours disparaît sous les galons et les dentelles, du linge fin, une perruque blonde, un chapeau brodé et orné d'un plumet. »
Tout en prolongeant cette ironie à laquelle elle savait donner le sel et le tour, mademoiselle d'Alençon, tirant de sa poche un peigne d'écaille, se mettait à peigner (non pas sans avoir lissé ses bandeaux) les cheveux blancs du vieillard, comme ferait une mère attentive pour son petit enfant qui revient de nourrice; et, chose horrible et sainte! la vermine pesante, dont la tête de ce malheureux était chargée, tombait et retombait sonore et drue comme grêle, sur un papier que tenait d'une main hardie la plus jeune de ces filles Dieu et diable, Catherine Alquier, belle comme le jour, le sein un peu trop relevé, c'est vrai, mais autant de vertus brillaient dans ses yeux pitoyables, que d'étoiles au firmament dans une nuit d'été.

« Et quand la toilette de monseigneur sera faite (ce disant, mademoiselle d'Alençon arrangeait les cheveux de cette tête purgée, elle coupait les mèches gangrenées, elle versait l'huile antique et goutte à goutte sur ce crâne dévasté), et quand monseigneur aura choisi la belle dame nuptiale qu'il est venu chercher en si complet incognito, que faudra-t-il servir à notre prince! Une fricassée? une carbonnade? une langue de bœuf? Pardon, altesse! on vous prépare un festin plus digne de vous et de madame (saluant la Verduron). Vous aurez, par exemple, du veau de rivière, des perdrix d'Auvergne, des lapins de la Roche-Guyon, un bon coulis de chapon au sucre! hein? »
Puis lui donnant un petit soufflet sur la joue : « Oh! le gourmand! fit-elle; et le voilà déjà beau comme M. de Brissac! »

A ces discours, à ces câlineries, à ces sourires, souriait le bonhomme; cependant on se mit à ôter une à une les bandelettes, les compresses, les charpies qui enveloppaient sa jambe endolorie et malade de la plus horrible et de la plus infecte des contagions que le vieux Job ait laissées enfouies dans son fumier, avec les vers qui le dévoraient, l'ulcère variqueux, c'est tout dire; et je renonce à décrire ces pustules sanguinolentes, ces grouillantes varices, ces corruptions, et ces sanies, et ces vapeurs qui s'exhalent, se déposent et se durcissent (lave ardente, bien digne d'un pareil volcan!) au-dessus, au-dessous, aux alentours de la plaie immonde, à travers les langes fangeux qui s'enroulent, suintants, autour de ce lambeau humain, où la vie épouvantée ose à peine se manifester par d'horribles et lancinantes douleurs. A chaque morceau qui se détachait de cet appareil sanguinolent et blafard, où l'eau et l'ordure de la plaie se mêlent sans se confondre, en laissant la trace sur leur compresse souillée, l'eau restant sur les bords, le pus au milieu, on voyait s'échapper la mouche à viande, *musca carnaria*, qui venait déposer ses œufs féconds dans ces gémonies. Peu à peu le clapier purulent laissait entrevoir, tantôt sa surface fongueuse, tantôt les caillots de sang blanchâtre qui remplissaient les interstices musculaires, la peau restant flétrie et bleuâtre à l'orifice de ces abîmes, comme la fleur des champs sur les rives du lac sulfureux.

Eh bien! toutes ces jeunesses babillardes, printemps blonds et bruns, lèvres vermeilles, têtes bouclées, se penchaient au-dessus de cet horrible ulcère, en retenant leur souffle de peur de l'irriter : un souffle si pur, un souffle de vingt ans! C'était à qui dégagerait, avec une spatule d'ivoire, ces croûtes, ces crêtes, ces fanges détrempées. Dans un bassin d'argent, rempli d'une eau pure et tiède, une éponge douce, imbibée de lait nouveau, servit à blanchir peu à peu cette horrible plaie; ainsi l'homme fut nettoyé des pieds à la tête; restait seulement à nettoyer le pied gauche, qui était digne... de l'ulcère! un pied... variqueux!

« Avec votre permission, mesdames, dit mademoiselle d'Alençon, nous laisserons ce soin-là, en guise de joyeux avénement, à notre nouvelle sœur et compagne. Nous verrons s'il lui plaît commencer son apprentissage aujourd'hui même, comment elle s'y prendra pour savonner un pied malade, pour tailler ces ongles rances rentrés dans les chairs, et si elle est déjà capable de râcler et ratisser convenablement ce talon endurci et racorni comme le cœur du pécheur. Allons! mademoiselle, essayez! D'abord on s'y prend mal, puis un peu mieux, puis bien. Laver les pieds de son hôte, ce fut, de tout temps, le premier devoir de l'hospitalité, et vous ne voudriez pas refuser ce devoir à l'hôte de Jésus-Christ enfant! »

A cet ordre imprévu, et tous les regards fixés sur elle, la Verduron se sentit défaillir. Eh quoi! s'agenouiller à cet ulcère! toucher de ses propres mains ce pied infâme, elle, l'Amaryllis des parfums et des élégances, la frêle Antiope qui dans ses moments de délire eût à peine porté à ses lèvres dédaigneuses la coupe remplie où la lèvre de son amant avait touché! Quoi! cette divine, cette frêle, ce bel astre, cette merveille de nos jours, cette fille d'Epicure, chanoinesse de Vénus, que le pli de la rose eût blessée, la voilà contrainte et forcée de rendre à ce va-nu-pieds tel bon office qu'elle eût à peine rendu au roi, qu'elle eût refusé à son propre père!... Elle comprit cependant qu'il fallait obéir, et d'une main gantée, que l'indignation et le dégoût rendaient tremblante, elle essaya de retrouver ce talon d'Herculanum!

Vains efforts! la main puérile de cette fille des joies profanes était un de ces lâches instruments du luxe et de la mollesse qui savent tout au plus agiter l'éventail, guider sur un papier menteur une plume galante, ou gratter, chatte à la patte de velours, un luth à trois cordes; c'est qu'en vérité il faut, pour exercer directement la charité sur la personne de Jésus-Christ souffrant et humilié, les nobles mains que Dieu lui-même a fabriquées pour l'accomplissement des devoirs les plus austères. Honte à l'aumône dédaigneuse et déshonorée qui tombe par hasard de ces mains blanchies au citron et remplies de tous les lâches serments!

Et, chose étrange, et par je ne sais quelle divination

que vous avez donnée, ô mon Dieu! à vos plus humbles et plus malheureuses créatures, le vieux bonhomme, au milieu de son paradis d'un instant, devina, en effet, que cette femme-là n'était pas digne de toucher à ses langes : « Pas cette femme! s'écria-t-il; ôtez de moi cette créature; je ne veux pas de ses services! » Et il retirait de toutes ses forces son pied, engourdi par le mal. Il fallut, pour le calmer, que l'aimable et tendre Catherine lui vînt en aide. Alors, enfin, rafraîchi, reposé, heureux de ce linge blanc, de sa plaie pansée et calmée, il s'endormit doucement, la tête appuyée sur les bras de Catherine, qui le berçait et le regardait dormir.

XX

A peine installé dans le siège de son gouvernement, M. de Basville envoyait à M. de Louvois son opinion sur l'état des esprits en Languedoc. Il avait trouvé la province agitée et mécontente; cette question de la régale avait soulevé bien des haines, excité bien des colères parmi les catholiques fervents qui avaient pris parti pour l'évêque de Pamiers et pour l'abbé Aubarède, pour l'abbé Cerle et pour l'évêque d'Aleth. Afin de couper court à la préoccupation générale, l'intendant du Languedoc était d'avis de proclamer, à l'instant même, la révocation de l'édit de Nantes. « Utile diversion, ajoutait la lettre du terrible Basville, et qui sera bienvenue ici, si j'en crois les présages, car il m'a semblé, à mes premiers pas dans Toulouse, que j'entendais des voix invisibles qui chantaient le *Te Deum!* » En même temps, M. de Basville racontait au ministre l'incident du procès de M. de Saint-Ango, les colères du parlement, l'indignation publique, et il demandait ce qu'il fallait faire de mademoiselle d'Hortis, qu'il avait entourée, disait-il, de toutes les précautions et de tous les bons offices qui étaient dus à sa jeunesse, à sa fortune et au nom qu'elle portait.

La réponse de M. de Louvois ne se fit pas attendre. « Il fallait, c'était l'ordre du roi, surveiller de près les menées et les crimes des non-régaliens. Il fallait redoubler la surveillance sur les évêchés mécontents. La disparition de l'abbé Cerle et de l'abbé Aubarède était du plus mauvais exemple, et leur tête devait être mise à prix, sauf à commuer, ou tout au moins à retarder le supplice. Absolument il fallait aussi découvrir et châtier, d'une façon exemplaire, les auteurs et les complices des pamphlets incendiaires dont la province est infestée; quant à mademoiselle d'Hortis, le roi lui-même la voulait voir, et M. l'intendant devait la faire partir, sous la conduite d'une personne prudente et sage, qui la mènerait jusqu'à Versailles, et là on jugerait si cette enfant avait reçu, en effet, une éducation vraiment chrétienne, s'il fallait la rendre à sa mère adoptive, ou la placer dans quelque maison religieuse, non loin de la cour. » L'ordre était absolu; il était agréable à M. de Basville; ainsi pas d'obstacle, pas une heure de répit; il fallait obéir, et mademoiselle d'Hortis devait partir cette nuit.

« Mais, disait madame de Mondonville à mademoiselle de Prohenque, si notre enfant arrive à Versailles sans avoir oublié, chemin faisant, le catéchisme que nous lui avons enseigné, elle est perdue, et nous sommes perdues à sa suite, Prohenque; et si le roi, aidé de son confesseur, trouve dans notre jeune coadjutrice une élève de saint Augustin et de M. Arnauld, l'Enfance sera traitée plus cruellement que Port-Royal, l'épée et le bouclier de l'Eglise militante. Non, disait-elle encore, je ne veux pas que l'institution que j'ai fondée au prix de mon bonheur, de mon repos, de ma liberté, de ma fortune, au péril de mes jours, serve de jouet à ce roi qui a porté une main violente sur toutes les idées libres des honnêtes cœurs et sur tous les fiefs qui relèvent de la tiare. Je ne veux pas que mon enfant serve, entre deux comédies, déclamées ou chantées, de distraction et de jouet spirituel aux grands théologiens de la cour. Comprenez-moi bien, ma Prohenque! Le roi attend Lia, il faut que vous lui meniez Rachel, c'est-à-dire qu'il ait affaire à une fille de son orthodoxie, qui se préoccupe de ses petites simagrées religieuses, qui parle son jargon catholique, et qui prenne la défense de tous ses colifichets spirituels : indulgences, *Agnus Dei*, scapulaires, images. Vous avez à faire un voyage de huit jours; il faut que d'un dimanche à l'autre, l'élève de Port-Royal de Toulouse, chemin faisant, soit initiée à cette multitude d'œuvres serviles et superstitieuses dont personne jusqu'ici ne lui a parlé; il faut changer en disciple de Molinos ma glorieuse petite janséniste. Pauvre enfant! torturer son âme à ce point! couvrir ce jeune front de ces nuages! troubler cette conscience limpide, et remplacer les premiers mouvements de ce noble cœur par une prudence précoce! Ah! c'est horrible! Il le faut cependant, et c'est vous, chère Guillemette, qui nous sauverez. Ce soir donc, à minuit, vous trouverez à la porte de Florise, votre amie, ma petite Hortis prête à partir. Je ferai porter dans le carrosse de voyage tout ce qui vous est nécessaire; Florise est désignée par le gouverneur pour conduire Marie à Versailles... elle vous cède sa place et sa mission. Adieu donc!... Ah! malheureuses! dans quel abîme, dans quelles misères, dans quel esclavage ce roi indigne nous précipite chaque jour!... »

La voix lui manqua, et elle sortit, la main sur ses yeux, pour veiller sur l'agonie de M. de Ciron qui se mourait dans l'appartement voisin.

Cependant, encore tout émue et passionnée par cette douleur, par ces larmes, par ce danger, mademoiselle de Prohenque quittait cette maison, dont la destinée était remise en ses mains. Elle avait mis son loup sur son visage, et elle allait dans la ville, au hasard, rêvant et songeant, repassant en elle-même les obstacles, les dangers, les menaces, l'espérance. « Que faire? Aller à Versailles, chez le roi, devant le roi, et lui présenter une fille changée en chemin! une enfant déjà sérieuse, qui peut-être ne retiendra pas un seul mot des leçons que je dois lui donner à la hâte, à chaque tour de roue, à chaque montée du chemin!... Le danger touchait à la folie. Mais, d'autre part, abandonner notre supérieure au moment où sa perte est certaine! livrer à l'enquête ces proscrits, et forcer peut-être M. de Ciron, victime de son dévouement à une noble cause, d'aller mourir en plein champ, comme un malfaiteur!» Elle allait, ainsi rêvant, dans ces rues tortueuses, dans ces carrefours silencieux, à travers ces divers capitoulats, en frôlant d'un pas inattentif ces élégantes tourelles, déjà chargées de la foule oisive qui venait y chercher les sérénades et les causeries du soir.

Dans ces villes du Midi qui avaient conservé bien des coutumes de l'Orient, l'habitude était aussi de se réunir autour du puits, espèce d'oasis où se rencontraient, le soir, les beaux esprits du quartier, les poëtes, les philosophes et les amoureux, ces poëtes-philosophes si dignes d'envie! Chaque puits était orné à merveille des plus exquises et plus élégantes recherches de cette orfèvrerie en fer dans laquelle excellaient les maîtres forgerons du quinzième et du seizième siècle. Les maisons environnantes pouvaient être pauvrement construites, pourvu que la douce fontaine fût surmontée d'un dôme aérien qui s'abrite à l'ombre des clématites embaumées. Là venaient les femmes pour entendre les conteurs, et pour en être vues, à la lumière favorable de la lune naissante; les poëtes y venaient pour chanter; ils n'avaient pas d'autre publicité et pas d'autre gloire. Poëtes amoureux, c'est tout dire; leurs yeux noirs et limpides, de la couleur de cette claire fontaine dans laquelle se baignent les Muses au sommet de l'Hélicon, étincelaient de joie et de plaisir dans ce babil harmonieux qui résumait, chaque soir, les fêtes, les peines et les travaux de chaque jour. Ingénieux enfants d'Euphrosine, la plus jeune des Grâces, la déesse des sons, des chants et des voix, ils ne séparaient guère la musique du poëme, la parole de la cadence. Le puits de leur quartier était le théâtre, le salon, l'académie des poëtes; ils y trouvaient tous les avantages que les esprits de Paris pouvaient rencontrer dans les belles ruelles, dans les cabinets galants, dans les oratoires; à l'ombre de ces douces fontaines, venaient danser les nymphes et les muses que le poëte Horace entrevoit dans son ode amoureuse : Aglaé, Thalie, Euterpe, Erato, toutes les visions et toutes les fantaisies du génie. En ces beaux lieux de poésie abondante, un conte bien fait tenait lieu d'un grand poëme; le rire était décent, la causerie vive et mesurée; ni ronces ni épines, mais les fleurs et les pampres; force élégies sans racines, mais non pas sans parfum; on tirait trente flèches sans atteindre le but... et de rire! Pour un sonnet sans défaut, ce phénix tant cherché, on eût donné volontiers tous les livres de Saint-Victor ou de la Sorbonne! O poésie amoureuse et galante et pleine d'âme! semblable à une belle fille bien formée et brillante de mille gaietés naïves! O cité! ou plutôt digne palais et digne église des grâces décentes et des honnêtes amours! On respirait, à chaque pas, sous cette claire étoile, mêlé aux parfums de la Vénus céleste, je ne sais quel suave et saint mélange d'oranger et d'encens, de *Pastor fido* et d'oraison mentale, tout comme dans les airs réjouis les sons argentins de l'*Angelus* se marient au frôlement des guitares. Ainsi vivait la Toulouse antique, entre le rossignol de Venise et l'alouette de Vérone. Elle regardait comme le chef-d'œuvre de la création divine l'intime union de la beauté et de l'honneur : la beauté qui est la fleur de la forme, la gloire qui est la fleur de l'honneur. Evoquées à tant de distance par ces voix éloquentes, qui trouvaient si facilement la couleur, le son et l'éclat des saines paroles, et pareilles à la flamme, qui se montre plus éclatante à mesure qu'elle s'élève et s'éloigne davantage de son foyer, les chansons de la patrie arrivaient à ces esprits attentifs, encore tout imprégnées de la saveur d'une langue venue de la Rome païenne à travers les Pyrénées occidentales. Que dis-je? non-seulement l'Italie et la Grèce, mais Constantinople et l'Orient et l'Espagne avaient apporté leurs tributs à la poésie de cette France du Midi. Cette poésie à part dans nos gloires littéraires s'était baignée dans les flots de la Méditerranée, dans les soleils de la Provence. Cette langue exquise et trop vite oubliée avait été formée par des rois qui savaient régner, par des femmes qui savaient plaire. Muses à la chevelure flottante, dignes de donner la main aux muses de Sicile, ô muses provençales! la douce lumière matinale qui faisait parler le marbre mystérieux! Quiconque vous eût entrevues, fièrement drapées dans votre manteau romain que bordent la pourpre de Tyr et les perles de Memphis, eût fléchi le genou à vos autels! Alcyons des guerres civiles, vous avez chanté au plus fort de nos tempêtes et de nos orages! Dans notre nuit, vous avez été la clarté; dans nos crimes, vous avez été pareilles à cette tour qui regarde vers Damas, et dans laquelle rien n'entrait de ce qui était souillé. Bon sens gaulois, galanterie mauresque; ronde amoureuse et charmante de Visigoths, de Sarrasins, de Gascons, de Catalogne, de Palestine! La poésie méridionale avait ses princesses et ses reines dont le nom sonne encore aux âmes bien faites : la vicomtesse de Narbonne, la comtesse de Champagne, la comtesse de Flandre, Béatrice d'Agoult, Mabille de Villeneuve, Antoinette de Cadenet, les juges, les héroïnes et les jansénistes de l'amour.

Dix siècles ont passé sur ces belles chansons, et pas un fleuron n'est tombé de leur couronne! De la langue romane la langue française est sortie, en conservant précieusement, langue chrétienne pourtant, les dieux et les déesses de l'ancien poëme : Hébé, Adonis, Vesta, Minerve, la blonde Cérès, réunis par les mêmes guirlandes aux apôtres, aux vierges, aux martyrs de l'Evangile! Ainsi, sous la vigne féconde de ce poëme et de cette Eglise, qui étendait ses pampres et ses gloires d'une mer à l'autre, tous les dieux trouvaient un abri, comme autrefois dans le Capitole de Jupiter. A cette ombre propice, le *gay sça-*

voir a voulu naître; à peine au monde, il choisit Clémence Isaure pour sa marraine, et les Jeux Floraux furent institués à son baptême. Un grand poëte, Etienne Dolet, qu'attendait le bûcher, a célébré, en vers ïambiques, l'esprit, la science, l'entendement de dame Clémence, la beauté de son visage, le port céleste et souverain de sa personne. Il a chanté ce jugement clair, cette curiosité d'être honnête et belle, cette tête menue, cette blancheur fille de la lumière, que traverse un sang vermeil et purpurin; il n'a pas oublié, dans son chant triomphal, les dignes compagnes de dame Clémence, les reines de la pléiade tolosaine, parées du souci d'argent et de l'églantine d'or que sollicitent les poëtes, prosternés à leurs pieds.

Nous, cependant, n'oublions pas mademoiselle de Prohenque errante, en ce moment, à travers la fête du soir. Sa pensée active et hardie était comme une main puissante qui lui aidait à tirer le voile derrière lequel se cachaient les dangers de sa position, et, quand le voile fut levé enfin, elle vit clair dans ce péril, et qu'elle ne remplirait jamais sa mission si elle était livrée à ses propres forces. « Qui donc, en effet, se disait-elle, m'enseignera à moi-même les doctrines que je dois enseigner à mademoiselle d'Hortis, et comment faire, moi élevée aux doctrines de Port-Royal, pour me retrouver et me reconnaître dans les opinions si diverses de ces docteurs, de ces religieux, de ces victimes, de ces tyrans? Par quel fil d'Ariane me retrouver, moi ignorante, dans les défilés de la grâce et du libre arbitre, dans ces bulles, dans ces ordonnances, dans ces fantômes? Autant de questions que s'adressait à elle-même mademoiselle de Prohenque, autant de nuages! Avec cet esprit vif et subtil, elle n'avait jamais pu s'habituer à ce tohu-bohu de doctrines opposées, et tout ce que M. de Ciron lui en avait appris, c'était qu'il fallait rester soumise à cette grâce de lumière et de sentiment qui suffisait à saint Paul! « Oui, mais par quelle suite de raisonnements prouver au roi et à son conseil que la maison de l'Enfance, dans son enseignement, est au niveau de ces questions qui tiennent l'univers attentif? »

Dans cet embarras immense, la courageuse Guillemette en vint à penser qu'un seul homme lui pouvait venir en aide, un seul... Eh! qui pouvait-elle choisir en effet, sinon le dévoué, fidèle et respectueux du Boulay, son avocat, son arbitre, son esclave? Vraiment, c'était bien lui qu'elle cherchait déjà, depuis une heure, sans se le dire, et si elle ne l'a pas encore rencontré, laissez-la faire! Entre amoureux on se retrouverait d'un bout de la terre à l'autre : n'a-t-on pas son étoile à deux dans le ciel? Seulement, laissez-nous arriver sur la place de la Trinité, à la maison de Nicolas Bachelier, le fameux sculpteur, qui avait vu de ses yeux et de son génie le grand Michel-Ange, et qui en avait rapporté les secrets dans Toulouse même, sa patrie. Cette maison de Nicolas Bachelier était une des merveilles de la ville; on voyait, sculpté au fronton de l'élégant édifice le portrait de Bachelier le sculpteur qui s'était placé entre son frère le serrurier et son frère l'orfévre (encore une imitation des artistes de Pise et de Florence). Mais si la maison était élégante au dehors, on peut dire que le puits de cette cour, digne du palais Pitti, était un chef-d'œuvre. Le figuier et la treille entrelaçaient de leurs feuilles rivales le chapiteau corinthien de cette margelle en fer ciselé. Aussitôt, et semblables aux étincelles d'un bouquet d'artifice, s'élancent dans une confusion savante ces branches, ces réseaux, ces acanthes, ces devises, ces rossignols, ces anges, ces amours, si bien que le figuier, et la vigne, et les entrelacs du fer splendide, et le vers d'Horace, enchâssé dans le verset chrétien, vous eussent donné une idée exquise de l'Italie renaissante à l'heure charmante des Nymphes et des Grâces, d'Armide et de l'*école d'Athènes*, de Tasse et de Raphaël.

« Il est là! » se dit à elle-même mademoiselle de Prohenque.

En effet, assis sur le puits même, un pied de ci, un pied de là, notre ami du Boulay s'abandonnait à mille plaisanteries mordantes. Il était du nombre de ces braves garçons qui se font méchants à plaisir, et qui se croiraient perdus si l'on venait à découvrir une âme sensible et tendre sous le manteau troué du railleur. Ce jeune homme amoureux cachait son amour comme on cache une mauvaise action; il courait après l'épigramme, quand il aurait pu chanter sa tendresse sur les mélodies courtoises; orateur digne de parler aux plus hautes intelligences, il se faisait trivial à plaisir. Qui l'eût vu, à califourchon sur le puits du maître Bachelier et provoquant les quolibets de la jeunesse, n'eût pas reconnu le grand orateur qui avait naguère subjugué par sa parole toute-puissante la ville et le parlement de Toulouse... Mademoiselle de Prohenque le reconnut tout de suite, et, le cœur serré, elle prêta l'oreille à sa déclamation. « Oui, disait-il (car on parlait des femmes, la conversation éternelle de la jeunesse passagère), en dépit de vos sonnets et de vos rimes croisées, je vous soutiens, en vile prose, que c'est folie de perdre son temps à chanter les dames. Faites votre fortune d'abord, ensuite vous ferez l'amour. Fi des poëtes et des parleurs! à quoi cela sert?... Je n'ai pas rencontré, moi qui vous parle, une femme qui m'ait dit seulement : Va-t'en! Faites votre fortune, et, riches, vous serez beaux comme le roi. Voyez les Lancefoc, les Fontvieille et les Lassat, marchands d'abord, capitouls ensuite et nobles par-dessus le marché, jusqu'au jour du dernier jugement; ils avaient autant de maîtresses que ces marchands de laine, Côme le Vieux et Laurent le Magnifique. Entrez dans la noblesse de laine ou de soie, et vous épouserez, à volonté, une Gaillac, une d'Aurival, une Puibusque, une Rabasteins. Au lieu de chanter vos fantaisies sur une mandore imaginaire, sous le balcon de votre dame et souveraine, balcon fermé comme son cœur, occupez-vous du change, vendez le pastel en coque ou en cocagne, et vous serez en effet dans le pays de Cocagne, en compagnie des fabricants, tondeurs et marchands de drap de la rue de Polière! Voilà des professions honorables et qui laissent de bien loin les *sept troubadours*. Soyez riches! Fi de vos sonnets, triolets, virelais, rondeaux, ballades, dizains, propos menus en patois d'Amadis, et si vous n'avez que des sonnets à leur dire, dites adieu à la compagnie des dames, à leurs sourires, à leurs beaux yeux, dont le soleil, ce grand œil du monde, emprunte ses clartés. Croyez-moi, si vous êtes pauvres, ni la cornette doctorale, ni le bonnet à gouttières ne vous mettront à l'abri du mépris des belles!... » Ainsi chantait du Boulay, en vers et en prose, digne enfant de la muse sans façon qui jette au hasard l'ivraie et le bon grain dans les champs de la fantaisie, laissant à qui veut les ramasser les perles égrenées de son collier de tous les jours. Un vieillard, assis sur un banc caché dans l'ombre que projetait, sur cette scène à demi éclairée, le clocher des Pères-Trinitaires, interrompit du Boulay à l'instant où le pauvre jeune homme allait peut-être éclater en sanglots. Ce vieillard était le poëte lauréat de Toulouse; il s'appelait Pierre de Gondouli. A force de bonheur et de génie, il avait élevé le patois sonore de sa province à la dignité de l'élégie et de la chanson, si bien que les poésies populaires de Pierre Gondouli étaient devenues la consolation et l'espérance des plus pauvres gens restés fidèles au goût, à l'accent, à la voix de la langue maternelle, doux langage tout imprégné des senteurs du chaume natal. Voilà donc ornée de tous ses charmes, s'écriaient les Languedociens émerveillés, voilà donc la douce parole qui nous berçait enfants, le mot rustique qui fut notre plus douce prière! le voilà retrouvé le vêtement de nos pensées enfantines, lambeaux précieux du langage primitif que notre pensée moribonde unira encore l'un à l'autre pour s'en faire un linceul!

Oui, en plein règne, en plein despotisme du roi Louis XIV et de Nicolas Despréaux, à l'heure où la langue française était éclatante, comme la couronne royale, de mille feux conquis sur les dépouilles du monde, un poëte en patois, un vieux poëte, héritier direct des mainteneurs de la gaie science et du parler *gent,* l'emportait, à lui seul, sur toutes les gloires du nouvel Olympe, qui avait sa base à Versailles. Encore aujourd'hui, grâce à Gondouli, la docte province sait le nom de Liris, comme nous savons le nom de Lydie et de Néère. — Le digne vieillard avait entendu, non pas sans impatience, la véhémente sortie de du Boulay, et il résolut de lui répondre. « A quoi bon, ô jeune homme insensé! ô poëte Stésichore! s'écria le vieux Gondouli, calomnier ainsi tes amours et ta maîtresse, et de quel droit mentir ainsi à ton propre cœur? Crois-moi plutôt, et suis mon exemple! Il faut aimer et respecter la beauté, c'est le plus sûr. Ainsi faisaient les poëtes nos devanciers, Bertrand de Born, Hugues de la Bachellerie, Guillaume Adhémar, Peyrols, Rambaud de Vagueiras, l'amoureux de Béatrix de Montferrat, et leurs frères : Richard de Barbezieux, Giraud de Cahauzon, Raymond de Mativals. Impatient! imite leur constance! Ils savaient attendre, parce qu'ils savaient aimer. Hélas! autour de nous tout change et se renouvelle. Le nuage glisse sur l'étoile qui paraîtra plus brillante; l'oiseau se tait, il chantera au point du jour. Le soleil inconstant passe incessamment des gémeaux au bélier, du bélier au taureau, de la vierge à la balance, de la nuit au jour; attends donc, et tu te retrouveras bientôt dans la transparente lumière des heureuses amours! »

Ayant ainsi parlé, et content de trouver un esprit docile, le bon vieillard, sans insister davantage, se met à réciter la douce complainte de ses nuits d'été : « Vous partez, mignonne, pour tout l'été!

« *Mourouso, tu t'en bas per tout aqueste Estiu...*

» — Et tu quittes celui qui est tien!

» *E quitos le que tout es tiu!* »

reprit une voix que du Boulay crut reconnaître. « O ciel! ô bonheur! salut à ma beauté! salut à mon rêve! Je revois sous cette dentelle jalouse le beau visage, mon *Veni me cum* infaillible! » Et pendant que, leste et légère, Guillemette s'enfuyait dans ces rues poétiques par lesquelles Molière avait passé, à la suite du prince de Conti, portant dans sa valise *l'Étourdi* et portant *Tartufe* dans son front olympien, du Boulay chantait la chanson de Goudouli, sur l'air célèbre de Mathelin, roi des violons de France : *Belles qui me blessez!* Ils tournèrent ainsi, elle courant et lui chantant, la ruelle de Saint-Quentin, qui sépare le capitoulat de Saint-Etienne du capitoulat de Saint-Saturnin, et au détour s'arrêta net mademoiselle de Prohenque; du même coup s'arrêtèrent du Boulay et sa chanson.

« Monsieur l'avocat, dit Guillemette, vous êtes par état le défenseur de la veuve et de l'orphelin, et bien que vous ayez naguère pris fait et cause contre une femme digne que vous l'adoriez à genoux, en faveur d'un bandit de grand chemin qui lui avait dérobé sa fille adoptive, on a bien voulu songer à vous pour vous demander un renseignement précieux... Répondez, monsieur, ai-je bien fait?

« — Madame, reprit du Boulay en s'inclinant, vous avez bien fait de compter sur votre humble avocat et serviteur, et moi j'ai eu tort d'attaquer une personne que vous honorez; il est vrai que je croyais vous servir. Ordonnez, madame, et j'obéis!

» — Monsieur, reprit Guillemette d'un air déjà moins solennel, il me faut absolument, cette nuit même, à minuit (il est dix heures), rencontrer un élève des jésuites qui sache la théologie des jésuites, qui parle de saint Augustin en jésuite et qui m'enseigne le catéchisme des jésuites! » Et voyant du Boulay s'étonner et pâlir, elle le regarda, comme si elle eût voulu lire au fond de son cœur.

—» Que vous parliez sérieusement, madame, ou que vous vouliez m'accabler de vos railleries... je suis jésuite!

» — Vous! » dit-elle; et elle dit ce : *Vous!*... Il n'y a qu'une femme qui puisse ainsi, d'un mot, d'un cri, d'un rien, jeter au dehors de son âme blessée tant d'effroi, de douleur, de désespoir, de regret, de passion. C'est qu'aussi, pour une fille de saint Augustin et de M. Arnauld, un jésuite, même sous l'apparence d'un jeune homme amoureux, était une façon de monstre en morale, un être odieux et funeste, de quelque côté qu'on l'envisageât. Un jésuite! c'est-à-dire l'ennemi déclaré du genre humain, le persécuteur officiel des églises, des universités, des écoles, des chaires, des congrégations; la matière inépuisable des libelles, des satires, des scandales, des damnations; un corps monstrueux et parricide; un Bellarmin, un Suarez, un Mariana, un Santarel, un Valentin, un Molinos, un Lessius; des gens abominables, tout chargés de l'ironie impérissable et de l'excommunication éternelle des *Provinciales!* Un jésuite! c'est-à-dire l'ensemble de toutes les haines que pouvait contenir Port-Royal dévasté; haine immense, héréditaire, dans laquelle la calomnie est un devoir, l'injure même est une justice. Est-ce vrai? est-ce prouvé? et sommes-nous dans l'erreur? Le monde est plein de leurs crimes. Ils ont inventé le régicide! ils ont prêché l'idolâtrie à l'Amérique, à l'Abyssinie, au Céleste-Empire; à cette heure encore ils dominent sur la maison de Bourbon et sur la maison d'Autriche; ils sont rois en Italie, en Pologne, en Bohême, en Allemagne, en France, pendant que l'Eglise janséniste, l'Eglise militante, le dernier sanctuaire de la philosophie chrétienne, est à peine tolérée dans un coin de la ville d'Amsterdam, à la porte du quartier juif! Et voilà comme, aux yeux de la chrétienne Guillemette, mieux valait un païen, un anthropophage, un juif, un Turc, un anabaptiste, qu'un jésuite en robe longue ou même en robe courte... Si profonde était cette rancune, voisine de l'horreur!

Mais quoi! l'amour est le meilleur et le plus sage conseiller de la jeunesse! Du Boulay comprit d'un regard la douleur et l'accusation de cette belle personne qui trouvait en lui... un jésuite! Et comme elle suivait son chemin, sans mot dire, il se plaça devant elle. « Demoiselle, dit-il, au nom du ciel! laissez-moi vous parler. »

Elle alors, sans répondre, elle ralentit le pas. « Oh!

reprit-il, quel piége avez-vous tendu à ma bonne foi; et à voir ces yeux pleins de courroux, ne dirait-on pas que j'occupe les grandes prélatures de notre compagnie? Hélas! à peine si j'ai été un profès, un novice à son premier vœu... un vœu qui m'a été remis depuis que j'ai obtenu le bonnet de docteur, pour rentrer dans la vie civile et pour me marier à mon gré, si je trouve jamais quelque belle fille, sage, économe, vertueuse et qui consente à m'aimer. Donc, je vous prie, acceptez les bons offices d'un homme qui est vôtre : *que tout es tien!* et si vous n'avez besoin que d'un jésuite novice, innocent de tous les crimes dont on nous accuse, ne me rejetez pas comme si j'étais Néron ou Domitien! »

Ainsi il parlait, et il parlait si bien, avec un accent si vrai dans la voix, un tour si net et si juste dans l'esprit, il témoignait avec tant de zèle, qu'en effet il était resté fidèle à ces trois vœux prêtés de si bonne heure et si difficiles à tenir : pauvreté, chasteté, obéissance, que Guillemette finit par s'arrêter tout à fait.

« Le temps presse, dit-elle; ce que je tente est bien hardi; mais nous verrons plus tard si j'introduis dans la bergerie un chien fidèle ou un loup dévorant. Ainsi, monsieur, vous le voulez? J'accepte vos services franchement et en toute confiance. Trouvez-vous donc, à minuit, à la porte de la ville qui mène à Paris; je vais chercher, de ce pas, une enfant dont vous serez le guide, le précepteur et le conseil, de Toulouse à Versailles, huit jours durant; une fois à Versailles, il est probable que vous et moi nous nous quitterons pour ne plus nous revoir. Mais si, comme je le crois, vous êtes dévoué et honnête homme, il y aura ici-bas une personne qui se souviendra de vous dans ses prières jusqu'à son dernier jour! »

Du Boulay s'inclina sous ce consentement inespéré, et mademoiselle de Prohenque entra, d'un pas ferme, dans la maison du chirurgien François Davisart.

XXI

En toute hâte, et non moins docile que le valet du centurion à qui son maître dit : Va! et qui part, notre ami du Boulay se mit en mesure d'obéir; il fit sa valise de ce qu'il avait de plus beau, il s'habilla d'une simarre de drap vert un peu hâlé, mais de bonne apparence, et cinq minutes avant l'heure il était à son poste. Bientôt le bruit d'un carrosse se fit entendre; c'était une voiture déjà antique, où se retrouvaient facilement les vestiges de la mode passée : velours ciselé à fleurs d'argent, galon et crépines de soie; au sommet de l'édifice ambulant se balançaient quatre pommes dorées, veuves de leur aigrette. A l'une des portières se montrait la tête sérieuse et pensive de mademoiselle d'Hortis, et la supérieure de l'Enfance (car c'était elle qui attendait sur le chemin), se précipitant dans l'intérieur du carrosse, prenait l'enfant dans ses bras, dans son cœur, la couvrait de baisers, la réchauffait de sa pure haleine. « Ah! Marie! ah! ma fille! te voilà! te voilà! mon enfant pleurée! » Et l'enfant rendait à sa mère adoptive tendresses pour tendresses, âme pour âme, pitié pour pitié, terreur pour terreur. Ah! roi Louis XIV, briser si cruellement ces deux cœurs! forcer cette noble femme de livrer son enfant aux caprices de tes croyances, à l'Evangile de ta cour, quel abus énorme de ta grandeur!

Ainsi sur ce grand chemin, mêlé d'ombre et de lumière, s'est accompli ce sacrifice d'Abraham; mais l'ange ne vint pas pour sauver l'enfant condamné, et le drame fut poussé jusqu'au bout. A la fin, la voiture se referma et partit au galop, madame de Mondonville bénissant de loin sa fille enlevée, du Boulay sur le siége, et mademoiselle d'Hortis, pleurant, dans les bras de mademoiselle de Prohenque. Le reste de la nuit appartint au silence. La route était belle, le pays était sûr. Du bec d'Ambez, où la Garonne et la Dordogne se rencontrent, au canal de Riquet où se heurtent les deux mers, la sécurité profonde s'appuyait sur toutes les forces d'un roi absolu, héritier presque divin de soixante-cinq rois de la monarchie française. « Le roi a reçu son royaume comme il a reçu son âme; le même Dieu qui l'a fait homme l'a fait roi; qui murmure contre le roi et qui lui résiste est coupable envers Dieu!... Saül était méchant, David le respecta, parce qu'il portait une couronne * ! »

Or, pour servir cette royauté à qui le soleil même empruntait ses rayons, cette majesté qui contenait toutes les majestés ensemble, c'était une émulation sans bornes dans tout le royaume de France. Voyez seulement comment était élevée, défendue et protégée cette partie du Midi français, à l'heure où se passe notre histoire : en Guyenne commande le duc de Chevreuse; le duc de Saint-Simon fait ajouter à Blaye un nouveau donjon; ici M. de la Bourdonnais et sa cavalerie; plus loin le marquis de Sourdis et ses fantassins; Bordeaux s'appuie sur le château Trompette; Castres se règle sur le duc d'Epernon; le duc de Grammont règne à Bayonne; l'évêque de Carcassonne s'appelle M. de Grignan; Narbonne appartient au cardinal de Bonzi; Montpellier au propre frère de M. de Colbert; Nîmes attend Fléchier; enfin, la dernière ville du Languedoc, Beaucaire, obéit au duc de Vendôme, petit-fils de Henri IV et de Gabrielle d'Estrées. Toutes ces forces guerrières ou pacifiques se donnent la main pour défendre et maintenir l'autorité royale : l'évêque, le gouverneur, l'archevêque, l'armée, le parlement, les communautés, les polices, les tribunaux, les maréchaussées, les justices hautes et basses, les bastilles, les ports, les arsenaux, les vaisseaux, les galères, les forteresses, les fortifications du Vauban, même la garnison italienne du

---

* Année chrétienne, 2ᵉ année, nº 5, 1868.

comtat d'Avignon; des citadelles sur toutes les montagnes, des portes et des fossés à toutes les villes, et dans chaque maison quelque vieux soldat tout prêt à reprendre son épée au premier ordre du roi! Province royale, toute parsemée de maréchaux, de capitaines, de princes du sang, d'abbayes florissantes, de municipalités armées, et, pour dominer toutes ces forces imposantes, M. de Basville! M. de Basville, théologien armé des arrêts draconiens de Saint-Jacques, homme d'Etat armé des ordonnances et des dragons de Louvois! Quand il sentit toutes ces forces dans ses mains, fermes et violentes, il résolut de pousser à bout même le droit, même le devoir. Il ne se contentait pas de la prévoyance, il y voulait de la fourberie; à la ruse il ajoutait le mensonge; à la prudence, l'embûche; à la loi la tyrannie. Au soleil il eût pris ses flammes; au tigre, ses griffes. A Richelieu il emprunta ses espions; à Mazarin, ses perfidies; au roi, son orgueil; et, en fin de compte, maudit soit-il, cet homme qui devait jeter le trouble dans cette heureuse terre, si calme encore, où déjà reparaissent, dans le ciel réjoui, les lueurs blanchissantes d'un beau jour!

Le jour se montra enfin, et le premier soleil, glissant doucement le long de ces campagnes à demi réveillées, fit surgir à chaque tour de roue une plaine, un ruisseau, une colline bientôt franchie. Dans la voiture aux stores fermés, pas un bruit, pas un mouvement; au contraire, le profond silence du chagrin ou du sommeil! Il était déjà huit heures du matin lorsque la voiture s'arrêta à la première auberge de bonne apparence, au *Soleil-d'Or*. En ce moment, lasses de pleurer et de craindre, l'enfant et sa compagne dormaient, la tête de Marie appuyée sur la joue de mademoiselle de Prohenque, la chevelure blonde mêlée à la chevelure brune, et les deux têtes disparaissant sous un reflet châtain. L'actif du Boulay attendait le réveil des voyageuses, et, sans perdre de temps, il fit préparer le déjeuner et la chambre de ces dames. Ce premier soin accompli, il songea à se faire beau, et dans la fontaine jaillissante il plongea sa tête bouclée. On est beau à si peu de frais quand on est jeune; l'eau est une Joüvence, le ciel est un miroir... Quand il fut beau tout à fait, et en linge blanc, il se hasarda à frapper à la portière silencieuse... La glace de bois s'abaissa, et l'aimable visage de mademoiselle de Prohenque se montra, bienveillant et calme. Du Boulay, le chapeau à la main : « Madame, dit-il avec un profond salut, nous avons couru toute la nuit, l'heure du déjeuner a sonné depuis longtemps pour des voyageurs qui savent vivre; nous sommes au *Soleil-d'Or;* tout est prêt pour vous recevoir. Voyez la fumée hospitalière s'échapper en un léger filet de la cheminée au vaste manteau! Nous avons du pain tendre, des raisins de la saison, des œufs frais et du lait chaud. » En même temps il abaissait le marchepied du carrosse, la petite Marie ouvrant de grands yeux éblouis du soleil riant et clair qui entrait dans ce coche à flots pressés.

« *Ave, maris stella!* Bonjour à vous, étoile de la mer, » dit le jeune homme, pendant que mademoiselle de Prohenque sautait, en deux bonds, sur le seuil de l'hôtellerie; et, tenant Marie par la main, elles entrèrent l'une et l'autre au *Soleil-d'Or.* Du Boulay, resté sur le seuil, attendait l'ordre de sa souveraine; l'ordre vint, et il trouva ces dames, leur toilette réparée, et assises dans une salle dont la fenêtre ogivale donnait sur un jardin où déjà butinaient les abeilles. On lui fit signe qu'il pouvait prendre place, et, sans se faire prier davantage, il s'assit tout au bout de la table de chêne. Il était né sobre, dans un pays de sobriété et de modestie; il avait appris de bonne heure à vivre de peu, et quand il avait mangé son pain bis, quand il avait arrosé d'une eau claire quelque morceau à la diable, il se croyait un profès de l'ordre des Coteaux. C'était un véritable oiseau rustique qui vit de blé noir et qui n'envie rien à ces beaux plumages d'Orient nourris d'ambre et d'épices. A peine s'il buvait, une fois tous les ans, quelque verre de ce bon vin de Guyenne qui a laissé tant de souvenirs et de regrets parmi messieurs les Anglais.

La première faim apaisée : « Il faudrait tout de suite vous mettre à l'œuvre de notre conversion, reprit mademoiselle de Prohenque; j'ai averti mademoiselle d'Hortis du danger qu'elle courait à Versailles, où messieurs les jésuites n'ont jamais perdu leur procès; et, de vrai, ma pauvre enfant, c'est en vain que nous t'avons enseigné une morale très-pure et très-solide, nous sommes perdues, toi et l'Enfance entière, si tu ne réponds pas comme il faut répondre au confesseur du roi. »

Qui se trouva bien embarrassé à ce discours? Ce fut le jeune homme interrogé. Hélas! en effet, tomber de la hauteur de ses rêves d'amour dans une discussion théologique! Quitter pour se perdre en Sorbonne ce jardin, ces violiers et ces treilles! Oublier la chanson de l'âme amoureuse et n'être plus que recteur, provincial, séminariste, docteur, jésuite enfin! Mais encore mieux vaut obéir que déplaire, et le pauvre garçon prit soudain l'attitude militante d'un controversiste également prêt à l'attaque et prêt à la défense, allant d'un pas égal à Luther, à Spinosa, à Molinos, à Jansénius, à Descartes, à Malebranche, à saint Augustin, et dans ces diverses opinions acceptant même l'athéisme comme un aliment de plus à ces disputes. En effet, tout peut servir à un disputeur bien appris : opposants, visionnaires, nestoriens, stoïciens, arminiens, pélasgiens, rigoristes, novateurs. Dans cette mêlée ardente de toutes les opinions et de tous les dogmes, on s'écrase, on se tue, on met l'épée à la main; femmes, enfants, vieillards, tout y va; les compagnies disputent avec les communautés; la cathédrale rétorque l'Eglise, l'Eglise réfute la chapelle; le frère portier lui-même tient tête au frère prieur! Donc, en toute autre circonstance, une dispute de théologie et cette thèse à soutenir, même avec une belle jeune fille de dix-huit ans, eût été pour notre avocat un défi aussitôt accepté que proposé; mais ici la querelle pouvait tourner contre lui, et il hésitait. Cependant il fallut obéir, et il se tint prêt à répondre à toutes les questions.

On parla d'abord de l'infaillibilité du pape, de la fréquente communion, de la messe, des conciles, des images, de la grâce enfin. « Et c'est ici que je vous arrête, monsieur, s'écria mademoiselle de Prohenque; car j'imagine que cette doctrine de la grâce sera notre véritable champ de bataille. Nous disons, nous, que la grâce de Jésus-Christ est toute-puissante, toujours victorieuse, et que nul cœur ne lui résiste; c'est là le dogme capital de notre parti.

« — Et nous, reprit du Boulay, nous disons avec les Pères de l'Eglise, qu'il faut reconnaître, à côté de la grâce efficace, la grâce suffisante, et que l'Eglise a décidé la question lorsque, par la voix de ses souverains pontifes, elle a déclaré que ces grâces suffisantes nous donnent un pouvoir parfait de faire le bien. Là, voyons, interrogez votre conscience. N'est-ce pas hérésie de soutenir, comme vous faites, que Dieu ne nous donne que des grâces victorieuses? Et ensuite ne voyez-vous pas que si l'homme résiste à la grâce, c'est que Dieu le laisse le maître, en effet, de la rejeter ou d'y consentir? En un mot, Dieu veut que je me sauve volontairement. Au contraire, votre doctrine à vous est un abîme; elle fait du péché même une nécessité à laquelle la Providence nous condamne; elle fait de notre libre arbitre une girouette obéissant au vent qui souffle : « Reste donc dans le péché, mon frère, restes-y tranquillement, jusqu'à ce que la grâce absente vienne te relever de cette corvée! » A ce compte, il faudrait se contenter d'enfermer la Brinvilliers dans une maison saine et bien aérée. Que voulez-vous? Elle a commis de grands crimes, mais est-ce bien sa faute, après tout? Elle n'avait pas la grâce! Peut-on dire : Elle n'était pas née sauvée... Elle était née perdue : il n'y a pas de sa faute! Et pourtant que dit le *Confiteor*? C'est ma faute, ma faute et ma très-grande faute! »

Piquée au vif, et fidèle plus qu'il n'eût fallu en ce moment aux doctrines de ses jeunes années, mademoiselle de Prohenque se hâta de répondre. « Certes, monsieur, disait-elle, il est bien aisé de se dire à soi-même : Le Dieu tout-puissant ne peut pas faire tout ce qu'il voudrait faire, et si je suis plus fort que lui, j'ai bien le droit de m'abandonner à mes passions!... Voulez-vous, en un mot, que je vous dise tout le mystère? Par votre doctrine sur la grâce, vous accusez Dieu lui-même d'imprévoyance, lorsqu'au jour de la création l'homme fut abandonné à sa liberté et à son intelligence au milieu de l'univers. A vous entendre, vous êtes venus, les uns et les autres, pour réparer cette grande faute du Créateur, pour mettre un frein à ses bontés et pour les gouverner; vous voulez asservir à vos lois réparatrices l'humanité elle-même, pour laquelle Dieu avait beaucoup trop fait, selon vous. » Ainsi s'exprimait d'une façon véhémente mademoiselle de Prohenque, en digne élève de cette grande école de Port-Royal, qui n'a jamais manqué de contredits, d'arguments et de répliques. A mesure qu'elle rétorquait les arguments de son adversaire, son œil noir se remplissait de feux et de flammes... L'attention que prêtait mademoiselle d'Hortis à ces disputes eut bien vite comprimé cette ardeur de théologie. Marie était là, en effet, animée à tout comprendre, intelligence précoce, perdue en ces mystères et dans ces abîmes du raisonnement humain. C'est qu'au-dessous de ces questions enveloppées dans les savantes et nécessaires obscurités de la parole de Dieu, se retrouvait le combat perpétuel de la liberté humaine et de la présence divine; il s'agissait du droit de résistance, croire ou douter, vouloir que tout soit efficace ou que tout soit libre, rester à l'ombre de l'Église inflexible ou marcher d'un pas téméraire au-devant de Voltaire, qui viendra plus tard pour ramasser les moissons formidables de ces résistances et de ces doutes semés sur un terrain brûlant.

Il fallut remonter en voiture. Marie et mademoiselle de Prohenque engagèrent du Boulay à se placer sur le devant du carrosse, et, après les premiers silences, la conversation commença de plus belle entre ces deux jeunesses que surveillaient le devoir, l'honnêteté, la réserve, le respect qui était dû à l'enfant confiée à leur garde, et enfin la confiance réciproque, cette honnête compagne des honnêtes cœurs. Comme ils étaient de bonne foi l'un et l'autre, ils parlaient des maux de l'Eglise en fidèles ouvriers du Seigneur, et pas un des points contestés ne fut passé sous silence : l'observation des jeûnes, des fêtes, des heures canoniales; les brefs des papes, les lettres patentes du roi, les arrêts du conseil d'Etat; les décisions des très-révérendissimes cardinaux de l'inquisition romaine, les difficultés, les censures, Paul III et saint Ignace. Plus la route s'abrégeait devant eux, et plus augmentait leur confiance mutuelle; dès le second jour on eût prédit la conclusion de ces disputes. Du Boulay allait et venait du carrosse à son premier poste; il s'inquiétait des moindres détails du voyage; il poussait à la roue à la montée, il était le frein à la descente rapide. Le soir venu, il allait au-devant, en bon et fidèle maréchal des logis, pour préparer le logement des deux voyageuses, et seulement quand tout allait à son gré, quand la nuit avait été bonne et que la route était belle, il revenait à son texte chrétien qui devait le conduire aux miséricordes spirituelles et aux sympathies temporelles de sa souveraine. Alors il eût fallu le voir, il eût fallu l'entendre expliquer à cette belle personne, déjà persuadée et au delà, comment la société de Jésus n'était rien moins qu'un repaire de sacrilèges, de magiciens et de blasphémateurs; une race d'assassins et de régicides, partisans de la simonie et du parjure, de l'impudicité et de la confidence, les héritiers directs de Néron, de Caligula, de Domitien et des monstres les plus horribles.

« Ah! demoiselle, que vous avez été cruellement prévenue contre nous, et que je serais heureux si je pouvais faire passer les convictions de mon âme dans votre cœur et dans l'esprit de mademoiselle d'Hortis! Si vous saviez que de savants hommes dans notre humble société de Jésus! Que de maîtres de philosophie, de rhétorique, d'éloquence, et combien de grands poëtes en belle langue latine! Avez-vous entendu parler du père Hardouin, du père Sirmond, des pères Lingendes, Bouhours et Commines, du poëte Vannière, un enfant de Toulouse, un jésuite, fils de Virgile? On nous reproche nos six cent douze colléges, nos trois cent quarante maisons de résidence, nos cinquante-neuf noviciats, nos deux cents missions et nos vingt-quatre maisons professes; au moins nous faudrait-il compter le zèle de nos missionnaires, la charité de nos confesseurs, la doctrine de nos maîtres, le courage de nos voyageurs, le sang de nos martyrs. Les jésuites ont parcouru toute la terre, à leurs risques et périls, enseignant les Evangiles aux idolâtres, aux Sarrasins, aux anthropophages; ils ont exploré la Chine et l'Egypte; ils ont excellé dans la peinture, dans les mathématiques, dans l'histoire, dans toutes les sciences, dans tous les arts. Audacieux, ils ont remué la cendre des âges; ils ont retrouvé les titres de noblesse de tous les peuples: le père d'Orléans s'est emparé de l'Angleterre, la Flandre est échue en partage à Strada, Mayence à Sarracius, la Bohème à Balbinus, l'Inde à Maffey. La Chine appartient à Martini et au père du Halde; Charlevoix est l'inventeur du Japon et du nouveau monde. Le cardinal Aquaviva les accuse d'aulicisme et de courtisanerie... Ah! demoiselle, soyez juste pour eux et voyez s'il leur était possible de s'exiler tout à fait de la cour. Voyez! les plus habiles politiques et les meilleurs rois de France ont aimé les jésuites. Henri le Grand leur a donné le collège de la Flèche et leur a laissé son cœur; Louis le Juste et Richelieu leur ont confié la jeunesse de leur royaume; Mazarin les aimait; votre protecteur, le prince de Conti, les appelait ses maîtres; ils ont présidé à l'enfance du grand Condé; le cardinal de Bourbon leur a laissé son hôtel de la rue Saint-Antoine; les princes lorrains, Bouillon, Rohan, Soubise, ont été leurs amis en tout temps.

« Cet ordre religieux ne sera jamais assez loué, » disait le souverain pontife Paul V. « Ce que j'ai vu de plus beau à Rome, disait un homme illustre à son retour d'Italie, c'est la société de Jésus! » « Figurez-vous, dit un prélat, l'armée des enfants de Dieu! Leur maison est comme le palais de Salomon, qui était bâti de pierres précieuses! » Aigles et lions éminents en doctrine et en sagesse! la compagnie des parfaits, supérieure aux crosses, aux mitres, à la pourpre, aux sceptres, aux empires, aux couronnes! Et dans le ciel des jésuites, à la droite de leur fondateur, contemplez saint François Xavier, saint Louis de Gonzague, saint Stanislas, saint François Régis, un saint du Vivarais. »

Ainsi parlait notre éloquent, et il parlait si bien, et il répondait si à propos à toutes les objections muettes, à toutes les répugnances silencieuses, et dans son zèle à défendre ses protecteurs et ses maîtres on voyait si clairement une vérité sans tromperie, une vie sans corruption, que Guillemette ne trouvait plus de réponse à lui faire; on l'écoutait, on le laissait dire, on l'encourageait à parler : à peine si de temps à autre Guillemette retrouvait son air railleur.

« Et pourtant, messire, vous l'avez quitté ce palais de Salomon, bâti de pierres précieuses; vous l'avez abandonné, cet asile des lions et des aigles, et vous voilà, pour tout habit, une robe noire, pour tout bonnet, une toque. Le révérend père en Dieu du Boulay est devenu un homme de sac et de corde. Ô capricieux! ô volage bourdinier de la société de Jésus, qui n'est plus que le chevalier de deux demoiselles errantes! ô le maladroit, qui a renoncé, que sait-on? à partager avec le roi la plus belle couronne de l'univers! Il me semble voir en ceci le chien de la fable, qui commande une maison à son architecte; le plan est fait, mais il se trouve que, pour l'hiver, la maison est trop longue; en hiver, l'hôte de céans se replie sur lui-même, et l'été, la maison serait trop étroite... Bref, quand il a bien étudié les plans de son architecte, monsieur le caniche finit par ne rien bâtir. »

Ainsi se passèrent les journées, Guillemette heureuse,

Marie attentive et pensive, du Boulay portant légèrement ce joug suave, ramassant les perles d'Orient qui tombaient de ces sourires et ne demandant pas d'autre joie. Mais, hélas! il est si difficile d'aimer et d'être sage! Un jour (on approchait de Paris, mademoiselle d'Hortis dormait sur les genoux de Guillemette) il arriva que du Boulay, à propos de tous les ordres religieux répandus dans le royaume, se mit à proclamer les vertus et la gloire de Port-Royal. Cette fois, il rendait hommage à leur doctrine, qui était la digne substance de leur sacerdoce, à cette pureté intérieure qui était leur vie et leur force, à ces lumières vives et profondes; et, dans une abondance prodigieuse, en même temps il invoquait les travaux, il citait les chefs-d'œuvre; il savait le nom des solitaires, des artisans, des grands seigneurs, des laïques, des évêques et des prêtres, des princes, des princesses et des domestiques de Port-Royal; il admirait leur grande passion pour la vérité, leur amour pour la justice, et les effets si merveilleux de la grâce, arrivés, depuis si peu de temps, dans l'Eglise catholique, le remplissaient de zèle et d'admiration. Comme il parlait avec la conviction d'un galant homme, Guillemette l'écoutait, étonnée et ravie du miracle. Elle, de son côté (tant il est vrai que Dieu a donné aux anges gardiens un plein pouvoir sur le trésor de sa grâce!) convenait peu à peu des dangers d'un faux zèle; elle ajoutait modestement que l'orgueil (dit le sage) marche devant l'écrasement, et la hautesse d'esprit avant la ruine. Elle disait que le grand point en toutes choses, c'était de vivre et de penser sobrement, d'être modéré et juste, et que peut-être elle avait manqué de justice. « Nous avons M. Arnauld, disait-elle; vous avez le père Bourdaloue... » Elle en eût dit plus long peut-être, mais l'enfant ne dormait pas. Marie, aux yeux fermés, avait suivi dans ses tours et ses détours cette causerie à l'infini; elle ouvrit un instant ses beaux yeux, et, relevant doucement sa belle tête, pâlie par le voyage et par la contention de l'esprit. « *O janséniste!* » dit-elle en désignant

du Boulay d'un doigt railleur; « ô moliniste! » dit-elle
encore en prenant la main de Guillemette, qui se baissa
pour l'embrasser.... et pour cacher sa rougeur!

Ce qui prouverait, contrairement aux grands docteurs
gratuitœ prœdestinationis, que *la prédestination gratuite* n'existe pas, et que nos deux amoureux firent bien,
dans cette dispute sur la grâce, de rester, comme disait
saint Thomas, *in sensu obvio*, dans le vrai sens; qui dit
la grâce, dit *l'amour*.

XXII

Le chemin, ou, pour mieux dire, la longue ornière qui
séparait Toulouse de Versailles, n'était guère tracé, en
ce temps-là, que par le caprice du voyageur et par les
conditions imposées aux maîtres de poste. On allait un
peu au hasard, et rarement était-il avantageux de suivre
la ligne droite. Tel chemin, bon en été, ne valait rien en
hiver; tel passage que l'hiver rendait praticable devenait
impossible au printemps. Le mieux était, lorsqu'on approchait de Paris, de gagner au plus vite quelqu'un des
sentiers que prenait le roi lui-même pour se rendre à ses
chasses et à ses maisons de plaisance; à ce compte,
Fontainebleau, une fois qu'on avait touché Orléans, devenait le vrai chemin pour aller à Paris. La route était
belle, sûre et bien gardée, et la trace royale s'y faisait
sentir. Ainsi nos voyageurs, par un utile détour, se portèrent sur Fontainebleau, et déjà la grande ville était
proche, lorsqu'à certains signes étranges, d'épouvante
chez les uns, de jubilation et de triomphe chez les autres,
ils comprirent qu'un événement extraordinaire venait de
se passer du côté de Paris et du côté de Versailles. Tantôt, le long de ce chemin plein de surprises, les hommes

des villes et des hameaux poussaient de grands cris de joie, et tantôt, dans les sentiers perdus, dans les forêts silencieuses, s'enfuyaient d'autres hommes, avec tous les signes du désespoir. Or, ce qui s'était passé, le voici. Le matin même de cette dernière journée de voyage, le parlement de Paris, dans son enregistrement solennel, avait déclaré non avenu l'édit de Nantes : « Dans toute l'étendue du royaume du roi notre sire, pays, terres et seigneuries de son obéissance, lesquelles constitutions demeureront comme non avenues, sans qu'elles puissent être jamais renouvelées par qui que ce soit, et sous quelque prétexte que ce puisse être. » Et comme certaines lois attendues se comprennent à demi-mot, cette volonté souveraine, à peine indiquée, avait bien vite fait son chemin à travers la France catholique. En vain les trompettes et les tambours précédant Charles Conto, juré crieur du roi, à travers les carrefours et les faubourgs de Paris, avaient appuyé cette grande et terrible nouvelle, la nouvelle avait marché plus rapide que le bruit même des trompettes éclatantes de ce suprême jugement. Au premier signal de ce cri de guerre contre le protestantisme français, s'était levée soudain cette impérissable populace de démolisseurs, ce peuple à part, enfant de la violence et des ténèbres, dont la fête et la joie est de tout briser sur son passage, comme fait le torrent qui passe, en laissant sa fange et son néant de toutes parts. D'un bout de la France à l'autre, vous eussiez entendu, en ce moment, trembler, du faîte à la base, toutes les églises de la Réforme; vous eussiez vu chanceler, comme des hommes pris de vin, ces temples bâtis naguère au milieu des tempêtes, et qui avaient résisté à tant d'orages. Certes, c'était à croire que le tocsin funèbre de Saint-Germain-l'Auxerrois venait de donner un nouveau signal, et qu'une nouvelle Saint-Barthélemy allait s'abandonner à toutes ses fureurs. Oh! quelle hâte et quelle épouvante, et comme en ce moment tous les catholiques, réfrénés depuis Henri IV, voyant la brèche ouverte, se sont rués sur la métropole du calvinisme, sur le temple même de Charenton! Ainsi est tombé, sans doute, le temple de Jérusalem, sous les coups des Romains de Titus. Charenton! c'était en effet la Jérusalem des enfants de Calvin et de Luther; c'était leur Babylone, aujourd'hui démantelée et captive; c'était le centre éclairé, le centre éloquent de toutes les théologies des Pays-Bas et de la Grande-Bretagne, le centre de la Bible, la lampe du parti, tout ce qui restait des grandeurs de la Navarre et de la jeunesse de Henri le Grand. Charenton! c'était pour les protestants de France leur université de Thubinge, leur université d'Oxfort; là se fabriquaient, avec la verve et le génie des libres croyances, les pamphlets, les chansons, les proverbes, les médailles, les discours, les emblèmes, les explications, les prêches, les commentaires, *la chasse de la bête romaine*, c'est tout dire. En ce lieu, qui était la dernière fortune des protestants, se tenaient les synodes et les consistoires, s'ouvraient et se fermaient les conférences, se discutaient les intérêts de la religion et les intérêts du parti, deux choses à ce point unies et liées qu'il était impossible d'en faire la différence. En ce lieu, si proche de Paris, se seraient retrouvées, au besoin, toutes les diverses doctrines de tous les sectaires que la réforme devait enfanter : les opinions de Zwingle à Zurich, celles d'OEcolompade à Bade, celles d'Ambroise Barrer à Constance, celles de Sébastien Hoffmeister à Schaffouse. On eût dit le rendez-vous général de toutes les disputes et de tous les prêches qui avaient porté leurs fruits dans les esprits et dans les âmes. En effet, de ce temple formidable, nouveau cheval de Troie, rempli d'embûches et d'émissaires, étaient sortis, armés de toutes pièces, les plus célèbres professeurs de la religion nouvelle : Guillaume Farel et Antoine Froment dans le Dauphiné, Guéret et Viret à Montmélian, la Renaudie à Nantes, Lancelot à Angers, les deux frères Mouvans et Pierre Bruly à Marseille, Changy à Romans, Malot même à Saint-Marcel, en plein Paris. Ce temple avait été bâti pour être désormais la patrie et le rendez-vous de toutes les églises en deçà et au delà de la Loire! Dans ces murs, comme des remparts, se conservaient fidèlement les traditions et les souvenirs du parti : tant de guerres civiles, tant de batailles rangées, de rencontres notables, de massacres généraux et particuliers, la mort d'un million d'hommes, la ruine de villes populeuses et de pays entiers! Là, enfin, était le dépôt des sciences, des aumônes, des contrats, des chartes, des lois, des brevets, des titres, des correspondances de cette nation à part dans la nation. Le temple de Charenton était digne de sa haute fortune, et se sentait de la richesse et de la puissance de ceux qui l'avaient fondé. Il avait été bâti par un excellent architecte, Jacques de Brosse, qui lui avait imprimé un grand caractère de force et de solidité. Mais le moyen de résister à l'émeute accourue du faubourg Saint-Antoine, et comment ne pas tomber sous les coups de ce peuple élevé à l'ombre de la Bastille et qui devient si facilement le peuple le plus furieux et le plus implacable de l'univers? L'émeute gronde; elle se lève, elle mugit, elle arrive, elle brise... elle briserait tes pyramides, ô vieille Egypte! et elle jetterait dans la poudre les trois mille années qui veillent sur tes hauteurs! En moins de trois heures, ce temple en pierres de taille tombe et se dissipe sous le marteau des démolisseurs; c'en est fait, le fer et la flamme, la hache et le blasphème luttent d'énergie et de fureur à qui renversera plus vite ce lieu d'asile et cette dernière conquête du protestantisme français. C'en est fait, les portes tombent renversées sur les piliers brisés; ces trois étages superposés l'un sur l'autre par des mains pieuses et hardies s'affaissent comme ferait un château de cartes sous la main d'un enfant; ces portiques, ces pavillons, ces murailles, ces plafonds, ces tribunes, cet autel sévère, ces chaires, ces tombeaux, ces livres, la Bible même et l'Evangile, écrits en lettres d'or sur la table même de la loi... fumée d'une heure! et débris d'un jour! A peine, au bout de vingt-quatre heures, si l'emplacement se retrouve de ce temple que protégea Henri le Grand de son épée et de sa gloire!... Ainsi devaient tomber, à cent ans de distance, et renversés par cette foule stupide qui se plaît à briser toutes les gloires, les tombeaux mêmes de cette monarchie, qui était la plus grande et la plus illustre monarchie de l'univers.

Ce bruit terrible d'un temple qui s'affaisse et d'une religion renversée remplissait les vallons, les collines, les forêts, la terre et le ciel. C'était de tous côtés, autour de ce carrosse de voyage, un gémissement immense, une plainte sans fin. La poussière du temple, chargée de ces clameurs, se répandait çà et là comme une fumée vengeresse, et ce ne fut pas sans peine que nos voyageurs gagnèrent le pont de Charenton, qu'ils trouvèrent encombré d'une multitude hurlante. Ah! voilà ce que peut devenir, en moins d'un jour, la croyance de tant de familles luthériennes et calvinistes qui s'étaient endormies, la veille encore, sur la foi des traités, consentis et jurés par trois rois de France, à l'heure de leur sacre, au moment où la main prend le sceptre, où la tête, courbée à l'autel, se relève parée enfin de la couronne royale! Un seul jour a suffi pour détruire et renverser le dernier boulevard des protestants. Ils avaient naguère des places fortes et des citadelles... ils ont à peine un cimetière! Le berger est chassé sur la montagne, le troupeau est dispersé dans les bois, le sang touche le sang et la flamme touche la flamme; ils demandent la paix et la santé, on leur donne la guerre, on les charge de plaies; on les poursuit dans les vallons solitaires, on leur tend des embûches au désert! La voilà! la voilà! la journée attendue de la rupture des sceaux et de l'épanchement des urnes fatales! Malheur aux enfants de Calvin! malheur aux fils de Luther! Charenton est au niveau de La Rochelle! Leur gloire dernière, le grand Turenne, est aux mains de Bossuet! Les voilà placés désormais entre le Néron de Versailles et le Caligula du Vatican!

Les cris, les meurtres et la poussière du temple brisé poursuivirent longtemps les voyageurs. Du Boulay, sur le siége du carrosse, criait à la foule : « Ordre du roi! » Et la foule s'écartait avec respect. Penchées à la portière, Marie d'Hortis et mademoiselle de Prohenque contemplaient, sans y rien comprendre, cette émeute qu'il fallait traverser; mademoiselle de Prohenque avait peine à retenir son épouvante; la jeune Marie, au visage calme et froid, ne perdait pas une seule de ces misères; elle prêtait une oreille attentive à ces gémissements, à ces prières, à ces blasphèmes; elle vit dans la foule tomber, sous le bâton des furieux, des enfants et des femmes... Elle voulut appeler à l'aide de ces infortunés : la voix lui manqua; elle eût voulu arrêter les chevaux : les chevaux étaient lancés et semblaient fuir, pour leur compte, ces scènes de désordre... Ce qui frappa surtout cette enfant élevée au milieu de tant de calme et de sérénité, ce fut l'aspect d'un vieillard à cheveux blancs qui fuyait, mais sa fuite faisait face au danger, et puisque l'infortuné devait tomber, on voyait qu'il voulait tomber avec honneur. Cet homme, qui tenait du soldat et du prêtre (Henri IV l'avait fait sergent, le ministre du Moulin en avait fait un ministre), tenait d'une main une épée et de l'autre une Bible; il invoquait à haute voix les lois divines et les lois humaines indignement outragées; comme il allait se mettre à l'abri du carrosse, il tomba frappé d'un coup de feu; il tomba sous la roue, la face haute, et voyant cette belle enfant qui le regardait de ses grands yeux pleins de pitié, de larmes et de flammes, dans lesquels se mêlaient, ardentes, la sympathie et l'indignation, ce vétéran des guerres civiles et des prêches à haute voix se sentit consolé et fortifié à ce moment suprême; il lui sembla qu'un ange du ciel venait à son aide et le retirait de cette violence. « Ah! disait-il, jeune fille, souviens-toi de moi dans tes prières, et sois bénie par un martyr! » Il dit et meurt, et les chevaux reprennent leur course à travers ce hurlement accentué de toutes les passions.

Par une méprise facile à comprendre, mademoiselle de Prohenque et la jeune Marie, et du Boulay tout le premier, s'imaginèrent qu'il s'agissait d'une émeute contre Port-Royal, et que sur ce grand chemin se débattait la grande question de la régale, qui avait été depuis si longtemps l'occupation de leurs nuits et de leurs jours. En présence de ces dangers et de ces violences, mademoiselle de Prohenque se sentit plus que jamais décidée à accomplir la mission qu'elle avait acceptée. « Plutôt mourir de la mort de ce vieillard, que de trahir la cause de M. de Ciron, de l'Enfance, de madame la supérieure, de l'abbé Cerle et du père Aubarède! » Le jeune avocat, de son côté, sentait monter à son cœur et à sa tête le fanatisme loyal de la vérité, de la justice, de l'amour! Il se mettait à détester de toute son âme ces excès de la force et ces crimes de la toute-puissance, et il se promettait bien à lui-même de rester fidèle, jusqu'à la fin de sa vie, à ses justes ressentiments. « Oui, disait-il tout haut de façon à être entendu par les deux voyageuses, oui, je le confesse, je suis désormais et je veux être le fidèle disciple de M. Arnauld et de M. de Saint-Cyran.... »

Marie s'était rejetée au fond de la voiture; elle était immobile, sans voix, sans regard, sans sourire, effrayante à voir. On changea de chevaux pour traverser Paris, et déjà les voyageurs se sentirent dans un monde meilleur. La ville était en fête; elle avait fait de cette journée un jour de repos; elle célébrait à sa façon la gloire du roi, la sagesse du parlement, le bonheur et la prospérité de l'Église. La nouvelle de Charenton renversé fut accueillie à Paris comme l'eût été quelque victoire du grand Condé; toute haine en fut apaisée durant vingt-quatre heures, toute dispute en fut suspendue pour trois jours; louange à Dieu et gloire au roi tout-puissant! Jamais la grande cité, la seule base digne de ce grand sceptre*, n'avait porté à un ciel plus éloigné de la terre ce roi Louis XIV, maître unique du gouvernement des âmes, et personne ne

---

* Magna situ, major populis, sed maxima sceptro. (Le père Chevalier.)

songeait, dans la joie universelle, qu'une partie de la nation chrétienne s'abîmait en ce moment dans les profondeurs de cet implacable *Hosannah in excelsis!*

A peine sur le chemin de Versailles, il était facile de reconnaître qu'au bout de cette avenue immense s'élevaient le trône, le palais et les autels du roi, notre seigneur. La route était battue et sablée comme le chemin de la fortune. A mesure que la voiture avançait, du Boulay sentait tomber ses espérances, et lorsque enfin lui apparut le château de Versailles, royalement posé dans cet encadrement de forêts et de verdure, au milieu de cette ville de palais qui lui servait de vestibule, il fut saisi d'une tristesse qu'il n'avait jamais éprouvée, non pas même lorsque Guillemette lui fut enlevée une première fois. La voiture s'arrêta à l'extrémité du pavillon de l'aile gauche qui domine la place d'armes, du côté de Paris. Le suisse vint les recevoir. « Ces dames sont en retard de vingt-quatre heures, » dit-il d'un ton aussi sec et aussi bref qu'une ordonnance du roi. Et comme du Boulay faisait signe de donner la main à mademoiselle de Prohenque : « Holà! l'ami, reprit le concierge royal, vous êtes encore, ne vous déplaise, un trop petit compagnon pour avoir bouche en cour; d'ailleurs votre mission est finie, s'il est vrai que vous ayez eu une mission; faites-moi donc l'amitié d'aller chercher un gîte ailleurs, nous n'avons pas d'appartement *pour* monsieur!»

Il appuya sur le mot *pour* en homme bien appris, car le *pour* était une distinction très-enviée dans ce palais des fables, des royautés et des génies, où les plus illustres capitaines et les beautés les plus charmantes se faisaient un honneur d'abord, un droit bientôt, de la plus simple distinction.

A peine si Guillemette eut le temps de dire adieu à son guide fidèle; Marie d'Hortis lui donna son front à baiser, et ces dames disparurent sous cette voûte immense qui longeait la chapelle et qui menait par des escaliers à l'infini dans les appartements supérieurs. Tout au sommet de ce pavillon semblable à un château fort, deux chambrettes (honneur insigne) avaient été préparées pour les voyageuses, et, sans nul doute, Guillemette elle-même se serait crue perdue sur ces hauteurs, si elle n'y avait pas rencontré plusieurs personnes de sa province, une véritable nichée de belles personnes du Midi, appelées à la cour par l'exercice de leur charge, par le bonheur de s'y montrer, par l'ambition enfin, car chacune de ces dames avait un mari à défendre, un fils à pourvoir, quelque faveur à demander. C'est pourquoi madame de Charmes avait quitté Bordeaux; madame de Fourgues, Montpellier; madame de Bordet, la Saintonge; pour trouver des maris dignes de leurs grâces et de leur beauté, mademoiselle d'Augencourt, mademoiselle de Marivault, mesdemoiselles de Vieux, de Nesmont, Mézignac, avaient abandonné le château féodal de leur père, maître et seigneur en sa terre, pour se reléguer triomphantes sous les combles et dans les mansardes de Versailles, tant c'était une gloire d'habiter avec le roi. A cette cour des triomphes et des fêtes elles étaient la parure et l'ornement, et le cortége et le murmure approbateur; elles jouaient, en grande parure, les petits rôles dans l'apothéose de Versailles; elles étaient les nymphes et les bergères de cette idylle, les divinités secondaires de cet Olympe; chacune de ces beautés avait deux noms, le nom antique de sa noblesse et le nom donné ce matin même à sa beauté : madame du Breuil, l'Athénienne; madame de Comminges, la Violette; madame de Castellane, l'Attrayante; mademoiselle de la Porte représentait le Feu; mademoiselle de la Luzerne était la Muse; mademoiselle de la Suze, Pallas; mademoiselle d'Asnières-Montbazon s'appelait Proserpine; mademoiselle de Saint-Gabriel était le Sceptre, et pas un mortel n'eût refusé de toucher de ses lèvres cette main de justice; mademoiselle de Gaillac était la Couronne : elle eût pu servir de couronne au printemps même du Languedoc, sa patrie. Tels étaient, jusque sous les combles de cet immense palais, pareil à l'Olympe de quelque Jupiter tonnant, ces rayons, ces miracles, ces dominations et ces trônes, ces fées de la jeunesse qui n'attendaient plus qu'un signal pour envahir les demeures de la majesté. Ainsi les étoiles radieuses éclatent soudain à travers les nuages transparents de l'été.

Le roi donnait, ce même soir, une fête, et l'univers eût pu crouler que pas une de ces jeunesses n'eût détourné la tête de son miroir. En toute hâte mademoiselle de Prohenque se prépara pour cette soirée où elle devait accompagner mademoiselle d'Hortis. En vain l'une et l'autre, accablées des fatigues du voyage et des émotions de la journée, elles eussent imploré un jour de répit; pas un jour! pas une heure! Le roi n'attend pas ; une seule fois, en sa vie, il a pensé attendre; obéissons à son bon plaisir. Déjà tout le palais se prépare pour recevoir les hôtes du roi. Le pavillon du grand maître, l'hôtel du grand veneur, la grande et la petite écurie ont mis sur pied toutes leurs forces. Dans la première cour, messieurs des gardes françaises s'annoncent au bruit des fifres et des trompettes; la garde écossaise arrive précédée de ses hautbois; les cent-suisses s'emparent des portes; la chambre du roi est à son poste; arrivent, dans leurs plus riches uniformes, les hérauts d'armes, les porte-épées, le grand prévôt de l'hôtel, suivi de son état-major; les grands maîtres et les maîtres de France précèdent le roi; le capitaine de ses gardes a pour consigne de ne jamais le perdre de vue, non pas même quand il est aux pieds de son confesseur. La maison de la reine et la maison des princesses, cett suite charmante des plus grands noms de la couronne dames d'honneur, dames d'atours, dames du palais, s placent dans l'ordre accoutumé, au rang que donnent chacune de ces dames sa dignité, sa naissance, le droi de sa charge; merveilleuse confusion, régie et gouverné avec un ordre admirable. Au bas de l'escalier de marbre les grands hautbois de la chambre et des écuries font re tentir leurs fanfares sonores. Tout le service intérieu obéit à la même impulsion, et maintenant Sa Majesté peu venir; les chandeliers d'or de la chambre royale sont po sés sur leur table de marbre, cent mille bougies sont allumées dans leurs candélabres d'argent et de cristal, dont la lumière, semblable à un immense incendie, inonde de ses clartés tout cet espace de chefs-d'œuvre et de miracles compris entre l'aile du sud et l'aile du nord. Ce fut à travers cette suite d'enchantements et de merveilles que nos deux Languedociennes, Guillemette, au teint brun, tenant par la main (contre toute étiquette) mademoiselle d'Hortis, s'avancèrent, calmes et sérieuses, à travers cette foule prosternée à l'avance. Elles seules peut-être, dans cette immensité brillante, elles étaient sans crainte, sans espoir, et libres de toute ambition. Elles admiraient toutes choses dans la simplicité de leur cœur et sans se douter, les ingénues! qu'elles contemplaient déjà Louis XIV. C'était cependant, à chaque pas, un bruit de cantique ineffable mêlé à l'odeur d'un encens presque divin. A leurs pieds et sur leurs têtes, le roi! La Cybèle de Mignard représentait la reine mère; l'Aurore avait prêté ses attributs à madame Henriette; le maître des dieux et des hommes, armé de sa foudre, ressemblait au roi de France. C'était, aux plafonds, une apothéose sans fin; sur chaque muraille, une louange; dans le moindre cartel, une épopée. La laine était empreinte de la gloire du roi, la fleur respirait ses amours. Ces chapiteaux, ces colonnes, ces bases de l'ordre corinthien, ces piédestaux chargés de bronzes et de marbres, ces fenêtres et ces lambris, ces démons et ces anges ailés, ces Eléments et ces Saisons répétaient l'antienne royale, qui s'en allait, d'écho en écho, et grandissant toujours, du salon de la Paix au salon de la Guerre, du cabinet des Chasses au cabinet des Médailles, du salon de Vénus au salon de l'Abondance, d'Apollon à Diane, de Mars à Mercure, jusqu'à ce qu'enfin cet immense *Hosannah* vînt tomber au pied de ce trône, disons plus vrai, au pied de cet autel étincelant sous son dais de pourpre et d'or; alors seulement, dans ce monceau de palmes, de lauriers, de trésors, de couronnes, de sceptres, de mythologies, de croyances, de peuples conquis, de nations soumises, parmi ces soleils flamboyants entrelacés aux fleurs de lis, leurs cousines germaines, l'esprit humain pouvait comprendre quel était donc ce dieu, partout présent, partout visible! Le dieu! voici le dieu... et le roi! De la porte d'entrée au fond des derniers vestibules, les dieux de la fable et le Dieu de l'Evangile l'unissent et le confondent dans leurs actions de grâces. Judith présente au roi la tête d'Holopherne, Alexandre le Grand lui fait hommage de la bataille d'Arbelles, Bethsabée au bain oublie qu'elle est aussi peu vêtue que la Vénus qui lui sourit et qui l'appelle. C'est pour le roi que Pénélope brode, rêveuse, ce manteau chargé des insignes de la maison de Bourbon; c'est le roi que chante Sapho sur sa lyre; l'Aspasie de Périclès n'est plus qu'à Versailles; pour saluer Sa Majesté, le doge est venu de Gênes, Saint-Marc est accouru de Venise; Jules César, en porphyre, et Scipion l'Africain, tête de bronze, aux yeux d'argent, président à ses conseils, Diane à ses chasses, Apollon à ses fêtes, Bacchus à ses festins; les Muses et les Grâces s'empressent à lui plaire. Voyez accourir au-devant du maître la Comédie au visage riant, la Tragédie en long manteau de deuil, la Danse aux pieds nus, la Pastorale armée de sa flûte latine, les Amours portant au cou les médaillons et les chiffres gravés sur le hêtre indiscret. Dans les ciels de Lebrun, de La Fosse, de Philippe de Champagne et de Lesueur, apparaissent, dames d'atour de cette royauté sans rivales, la France assise sur un globe d'azur, la Paix couronnée d'épis et de pampres, et à leur suite le dieu du jour, le dieu des mers, Hercule lui-même, oublieux de la belle Omphale. Silence! et dans cette galerie, longue comme le chemin de Paris à Versailles, entre cette multitude d'arcades, de croisées, de pilastres, de sculptures, de tableaux, de guirlandes, vous verrez entrer, obéissantes aux rendez-vous de ce monarque, le roi et le juge des souverains de l'Europe, les victoires d'hier et les victoires rêvées. Les voilà au milieu des honneurs de la cour ces villes obéissantes, ces fleuves domptés, ces châteaux conquis, ces forteresses abaissées, la Hollande et la Franche-Comté; le Rhin, la Meuse et l'Escaut; Liége, Dinant, Valenciennes, Charleroi, Maëstricht, Mons et Namur, Gand et le duché de Limbourg; dans ce concert unanime de tous les respects, l'Espagne se lamente, l'Autriche s'inquiète, l'Angleterre est alarmée, et, pour compléter le spectacle de ces conquêtes, sont accourus les capitaines qui les ont accomplies, les ministres qui les ont conseillées et les poëtes qui les chantent. O splendeur! ô fortune royale! ô réunion incroyable des choses les plus divines qui aient jamais habité en ce bas monde : la royauté, la croyance, la gloire, la justice, la force, la poésie, la beauté, l'unité, l'ensemble, la conscience, la vertu, le courage, la France représentée par ses plus illustres magistrats, ses plus grands évêques, ses plus célèbres artistes, son plus grand roi, le règne de l'ordre, pour tout dire, l'ordre qui représente, sur la terre, l'apothéose des peuples, qui est la véritable apothéose des rois dans le ciel.

Deux grandes arcades, ornées de quatre colonnes et de huit pilastres, signalent l'entrée de la grande galerie où le roi était attendu; les pilastres sont séparés par des piédestaux en saillie qui soutiennent quatre statues antiques : la Vestale et la Vénus, l'Amitié et la Pudeur! Sur le piédestal même de cette dernière statue, et comme si la déesse en fût descendue pour mieux voir les splendeurs du jardin reflétées dans les glaces opposées aux fenêtres, s'était assise mademoiselle d'Hortis, accablée et pensive. Mademoiselle de Prohenque, semblable à l'Amitié qui veille sur l'enfance, se tenait debout et cachait quelque peu sa jeune pupille, qui gardait le silence. Elle-même, mademoiselle de Prohenque, elle eut bientôt oublié qu'elle était à Versailles, si profonde était sa muette contemplation.

Les jardins étaient illuminés; les terrasses et le tapis vert se détachaient hardiment des arbres d'alentour; le canal resplendissait sous ses gondoles dorées, éclairées à la vénitienne et remplies de musiciens invisibles; les roseaux et les chênes se réveillaient à ces accords, les bosquets s'entr'ouvraient à ces clartés énergiques; dans le lointain, le grand parc s'étendait et se prolongeait sous les limpides rayons de la lune d'automne, et comme dans les forêts le vent sautait d'arbre en arbre, la lumière des hommes était vacillante, la lumière éternelle restant calme et sereine et voisine de l'éternité. Tout à coup les eaux de ces fleuves captifs, de ces rivières enchaînées, et même le flot obscur de l'humble ruisseau contraint à cet esclavage, s'échappent en gerbes brillantes; l'Allée-d'Eau, la Cascade, la Pyramide, le Dragon, Neptune, Latone, Apollon répandent à flots pressés l'eau qui s'échappe de leurs urnes, de leurs gueules, de leurs épées, de leur faîte, de leur base; l'eau blanchissante s'élève, grandit, éclate et tombe, pour s'élever, pour grandir, pour éclater plus vivace et plus hardie; on dirait le déluge universel, mais le déluge obéissant aux fantaisies des plus ingénieux artistes; gerbes et couronnes, monstres et dieux marins, hurlements et murmures, l'eau qui chante et l'eau qui danse du conte des fées; tous les fleuves, toutes les nymphés des eaux se plongent dans ces nappes vivantes; on dirait qu'au même instant apparaissent, évoqués par ces bruits poétiques, les lions et les tigres, les dragons et les lézards, le sylvains et les faunes, et, à peine évoqués, les voilà qui se mêlent à cette fête des fontaines aériennes. Singulière réunion de toutes les formes les plus étranges, de toutes les visions terribles et charmantes, l'Hiver et l'Eté, l'Amérique et l'Automne, Protée et Bérénice, Diogène et Faustine, le Gladiateur mourant et le fameux Milon de Crotone venu de Marseille, l'œuvre de Puguet, le plus grand sculpteur de ce siècle. Voyez encore! on dirait que l'eau redouble d'éclat et de furie : le Parterre, les Bains, les Dômes, l'Ile-Royale, le Bosquet, l'Encelade, autant de géants qui menacent d'inonder le ciel; partout de l'eau, et, à travers ces nappes blanchissantes, bordées d'écume, le peuple immobile des jardins.

En ce moment (on n'attendait plus que le roi)

parut, dans la salle du Trône, la véritable reine de Versailles, madame de Montespan elle-même, toute resplendissante du diadème des duchesses et de l'esprit des Mortemart. A mesure qu'elle s'avançait à travers cette foule inclinée, la queue de sa robe traînante, portée par M. le maréchal duc de Noailles, capitaine des gardes, heureux et fier de rendre à la favorite ce rare honneur qu'il n'eût pas accordé à la reine elle-même, on comprenait qu'en effet le roi eût compromis son âme et sa gloire pour cette beauté souveraine qui représentait à la cour l'étoile même de Vénus. Non, la déesse de Guide et de Paphos, chère au dieu Mars, lorsqu'elle était assise dans son char au gracieux attelage, n'avait pas, en plus grande profusion, une plus belle chevelure blonde; ses yeux bleus, mêlés de flamme et de langueur, semaient autour d'elle l'espérance et l'incendie ; elle était blanche comme l'Aurore au mois de juin; pas un geste qui ne fût une grâce, pas un sourire qui ne fût une faveur; les déesses ne marchent pas autrement au-dessus des nuages de l'Ida. Certes, il fallait bien que le roi Louis XIV eût rendu en effet au Dieu des chrétiens des services considérables, pour oser glorifier cette maîtresse superbe dans un amour deux fois criminel, à la face du ciel et de la terre, sous les yeux de la reine et de Bossuet! Madame de Montespan allait ainsi entre ses deux sœurs, madame de Thianges et l'abbesse de Fontevrault, et chacun saluait les trois génies, les trois espérances, les trois fortunes, les trois couronnes de la maison de Mortemart. L'abbesse de Fontevrault, la plus belle des trois sœurs, eût été à elle seule un spectacle. On la redoutait pour son esprit, on l'adorait pour sa beauté. Elle était éloquente, intrépide, savante, et elle portait dans son regard l'obéissance, le respect, l'admiration qui étaient dus à l'héritière suprême de cette fameuse abbaye de Fontevrault, qui s'étendait du diocèse de Léon en Bretagne au diocèse de Toulouse et jusqu'au monastère des Hautes-Bruyères! Pas une des femmes qui avaient tenu d'une main royale ce bâton sous lequel se courbaient tant de religieux des deux sexes, ni la dame de Montsoreau, alliée aux comtes d'Anjou, ni la princesse de Craon; Marie de Bretagne, non plus qu'Anne d'Orléans, non plus que Renée de Bourbon, n'avaient mérité et conquis à un plus haut degré ce titre de reine des abbesses de France! Ainsi elle avait élevé à un degré inconnu avant elle cette dignité qui n'était guère sortie des princesses de la maison de Bourbon; elle avait ajouté à la fortune, à la renommée de son ordre; elle avait ajouté quelque chose au jeûne, au travail, à la patience; elle n'avait retranché que la bure de l'habit, qu'elle portait elle-même en pleine cour, et dont elle se faisait une parure : la robe était blanche et traînante, le surplis était d'une étamine de la même couleur; une croix de diamants, attachée au ruban bleu, parait cette poitrine découverte, car l'étiquette de la cour l'emportait sur l'étiquette du cloître; ainsi elle portait légèrement cette robe et ces vœux formidables de cloître, d'austérité, de silence, donnant la main, étrange prodige! aux passions de sa sœur, et recevant, dans ses bras tremblants de joie et d'orgueil, les monstrueux enfants du double adultère. L'autre sœur, madame de Thianges, revenue de la vanité et de l'orgueil, ne songeait guère qu'à la fête, aux plaisirs, aux réjouissances sans fin; elle était affable à tous et de bonne humeur pour elle-même, ne mêlant que pour son plaisir aux orages, aux mouvements, aux intrigues de Versailles; la simplicité, un sans façon, de son habit relevait à merveille la grande parure de la sœur régnante, qui était habillée de point d'Angleterre et de France, coiffée de mille boucles, la tête ornée de rubis noirs, des perles au corsage, et aux oreilles des émeraudes; pour collier, des pendeloques de diamants de la plus grande beauté; disons tout, n'oublions rien dans ce triomphe, accepté même de madame de Soubise!... Une jeune femme de vingt ans à peine, une duchesse de six mois, mademoiselle de Fontanges, un enfant de Port-Royal, ô Port-Royal! quel deuil et quelle douleur! Elle était, ce jour-là, pareille à un beau lis qui se penche sous l'orage invisible. Elle précédait de quelques pas les trois déesses, et qui eût vu ces beaux yeux pleins de douceur et de passion, ce visage d'un éclat surnaturel et d'un enjouement ingénu, cette taille à rendre Atalante jalouse, ce luxe qui eût fait pâlir les reines d'Orient, ne se fût pas douté que cette beauté éphémère était encore un des ornements de Montespan la superbe. Comprenne qui pourra le cœur et la vanité des femmes! Madame de Montespan souriait à mademoiselle de Fontanges; elle disait à haute voix que sa rivale était belle et charmante, elle l'appelait sa mignonne et son amie, et sa joie était de montrer à tous cette protection que l'esprit accorde à la beauté. Ne troublons pas le triomphe de cette maîtresse orgueilleuse, de cette Montespan favorite qui eut le privilége de placer ses bâtards sur les premières marches du plus grand trône de l'univers! Laissons-la sourire, de ses belles dents enchâssées dans le corail, à la beauté de sa rivale; laissons-lui fouler d'un pied dédaigneux l'honneur de la couronne et ses lois les plus inviolables! Ah! quand son regard était un ordre, son esprit une flamme; quand les grands yeux et les grâces de mademoiselle de Fontanges lui servaient de licteurs; quand elle avait à sa droite l'abbesse de Fontevrault, le roi à sa gauche, la reine de France à sa suite, Louvois à sa porte, madame de Maintenon à ses pieds; à l'heure poétique et charmante où toutes ces victoires et toutes ces poésies, entraînées par cette main si proche du sceptre, servaient de cortége à cette souveraine qui a protégé Racine et défendu Despréaux; reine des intelligences, qui a donné le champ à toutes les épées et l'éveil à toutes les lyres, et toutes ces villes et toutes ces provinces : Nantes, Blois, Tours, le Maine, Toulouse prêtant leurs noms respectés aux enfants ténébreux de cette fécondité criminelle, comme s'ils fussent vraiment sortis de nos trois races royales; au sommet incliné de cet Olympe soumis à l'ordre de cette femme belle comme le jour, qui lui eût osé dire que l'heure viendrait bientôt (l'heure de mademoiselle de la Vallière), l'heure de l'abandon, du néant et du repentir? Pécheresses, grandes dans le péché, qui offrez à Dieu, en holocauste, les restes d'une beauté dont les rois ne veulent plus! Royales encore sous la cendre, reines encore dans le cercueil!

Le roi parut enfin, et jamais peut-être la contemplation et le ravissement perpétuel de cette cour n'éclatèrent dans un murmure plus spontané et plus rempli de louange et d'extase. Chacun de ces regards, portés sur le roi, lui apportait en traits de flamme le témoignage ardent d'une adoration et d'un applaudissement qui ne connaissaient plus de limites. Versailles fêtait véritablement, ce même soir, la révocation officielle de l'édit de Nantes, et ces capitaines, ces magistrats, ces femmes, ces jeunes gens, ces vieillards, les uns et les autres, dans un concert unanime, murmuraient le cantique sincère de leurs actions de grâces jusqu'à ce troisième ciel où s'est arrêté le ravissement de saint Paul. Louis XIV partageait, du fond de l'âme, le culte suprême et l'exaltation de son œuvre récente. Jamais plus de majesté, tempérée par l'intime contentement d'avoir accompli un difficile devoir, n'avait éclairé d'un rayon plus vif ce noble front destiné, de toute éternité, à l'éclat de la couronne de France. Sa Majesté portait un habit de velours or et noir, brodé en mosaïque, tout chamarré de diamants et de perles; les diamants de la couronne brillaient à son épée, et le Saint-Esprit sur sa poitrine. « Réjouissez-vous, fils glorieux, réjouissez l'Eglise votre mère, et soyez pour elle une colonne d'airain! » disait le pape Anastase à Clovis; eh bien! cette voix du pontife retentissait en ce moment aux oreilles de Louis et se mêlait aux sourires de ses maîtresses; il acceptait cet encens comme une adoration qui lui était due, et chacun pouvait contempler à son aise cet éclat, cette douceur, ces regards heureux, cette tête royale ornée de l'auréole... lorsque soudain les regards du roi s'arrêtèrent sur l'étrange jeune fille et sur l'enfant, penchées l'une et l'autre, du côté des jardins, et qui semblaient ne pas se douter que le moment fût si proche de répondre à leur juge. La cour entière suivit la direction de ce regard et resta frappée de stupeur. Mademoiselle de Prohenque, en effet, la main sur l'épaule de Marie, avait oublié en quels lieux elle se trouvait... L'enfant, les yeux levés au ciel éclatant, n'appartenait plus qu'au grand spectacle des constellations célestes. Il fallut avertir Guillemette et Marie que le roi les appelait, et, pendant que M. de Louvois expliquait à Sa Majesté quelles étaient les deux étrangères, une main impérieuse vint les arracher à leurs contemplations et les conduisit dans le cercle même où se tenait le roi. Ce fut alors seulement que mademoiselle de Prohenque eut la perception nette et distincte du péril et du danger. Elle courba la tête, et, dans l'attitude même de la résignation, elle attendit, plus disposée en ce moment à protester contre le nouveau catéchisme de mademoiselle d'Hortis qu'à se sauver à la faveur du mensonge. L'amour sincère et vrai donne aux âmes honnêtes ces instants de courage dont l'histoire fait de l'héroïsme plus tard.

En présence de ces deux filles appelées de si loin et tombées à Versailles en si étrange appareil, le roi se sentit troublé, pour ainsi dire; il n'était pas habitué à être regardé face à face, comme le regardait en ce moment mademoiselle d'Hortis; même il est mort que personne ne savait au juste quelle était la taille du roi : on ne l'a su qu'en mesurant son linceul!

Il y eut un silence profond; l'homme souverain cherchant une question à la portée de cette enfant, et l'enfant témoignant dans son regard qu'elle avait déjà trouvé la réponse. Elle était en effet sur la dernière limite de l'enfance; à la délicatesse de son visage, à sa voix légère comme sa figure, à cette beauté incertaine encore entre la nuit envolée et le jour qui va paraître, on hésitait. Etait-ce une enfant encore? est-ce une jeune fille déjà? Dans ses yeux fermés on devinait la flamme naissante du mois de mai; ses yeux ouverts resplendissaient de l'éclat d'avril naissant. L'intelligence brillait encore sur ce front où elle s'était arrêtée, dans ce geste qu'elle animait toujours, dans cette physionomie où tout brille, où tout se déclare; âme qui veille, esprit qui se souvient; noble tête, semblable à un paysage merveilleux où rien ne vous attache séparément, mais l'unité du chef-d'œuvre arrête et charme tous les yeux. Placée, hélas! entre la terre et le ciel, elle était plus près du ciel que de la terre. Son visage était calme, son regard pensif, son sourire plein de tristesse, son attitude pleine de grandeur; ses beaux cheveux partagés sur le front flottaient, de chaque côté de la tête, en longues boucles frisées, et se nouaient par derrière à la façon athénienne; elle avait l'habit d'une nymphe, le geste d'une Muse, sa voix même était d'un timbre plus clair que la voix d'une simple mortelle. *Nil mortale sonans*. Et voyant que le roi hésitait comme faisait Abraham, « oubliant qu'il est le maître dès qu'il voit un étranger, » mademoiselle d'Hortis fit encore un pas jusqu'au roi, et enfin elle lui raconta, dans une langue pleine d'indignation et d'images, les cruautés et les misères religieuses dont elle avait été le témoin, elle, une petite fille de l'Enfance de Notre Seigneur! « Si jeune encore, disait-elle, j'ai vu Jésus et Marie se perçant de coups mutuels; j'ai vu l'esprit de la charité étouffé dans les embûches; j'ai vu les âmes les plus fortes, sous votre règne, ô sire, soutenir d'horribles combats, au milieu des afflictions les plus injustes. Que d'injures, de mauvais traitements, d'indignités de toutes sortes, dans le sein de la paix et de la grandeur; et quelle force coupable a donc foulé aux pieds la couronne de la paix, la vraie et sainte couronne des martyrs? O roi! écoute-moi, et prête l'oreille, s'il est vrai que la vérité sorte de la bouche des enfants! Ta volonté a brisé déjà les plus honnêtes cœurs; elle a jeté à l'exil les plus loyales consciences; elle a renversé les plus saintes maisons; dans l'orgueil de la toute-puissance, tu as oublié que la miséricorde de Jésus-Christ veut être honorée par la miséricorde des hommes, et que si tu veux trouver de la pitié pour toi-même, il faut que tu sois pitoyable à ton tour! »

Elle parlait; le roi l'écoutait avec la conscience qu'elle était folle, et pourtant, afin de ne rien perdre de ces paroles sévères qui retentissaient pour la première fois à ses oreilles, il se baissait docile et obéissant jusqu'à ces lèvres éloquentes; elle parlait, et à mesure que sa voix s'élevait, son regard brillait d'un éclat surnaturel!

« Bienheureux les miséricordieux! disait-elle, ils obtiendront miséricorde! La grâce, l'indulgence, la rémission, le ciel même est à ce prix. Et vous, sire, avez-vous été miséricordieux; que dis-je? avez-vous été juste? Vous avez brisé Port-Royal! vous avez persécuté M. Arnauld! vous avez exilé M. de Ciron! vous avez arraché à leurs évêchés qui les pleurent nos seigneurs d'Aleth et de Pamiers; vous avez condamné au supplice des meurtriers le père Aubarède et le père Cerle, nos confesseurs, dont vous ferez deux martyrs; vous avez si bien fait, que le pape lui-même a pris parti contre vous pour ces mêmes hommes qui étaient en sa plus profonde disgrâce. Et ce matin encore, lorsque j'accourais à vous du fond de ma chère Enfance pour vous prier de me protéger contre le marquis de Saint-Gilles et pour vous dire : Sire, délivrez enfin les opprimés des liens de la tyrannie, débarrassez le pauvre de son fardeau, mettez en liberté les captifs et rompez le joug qui les opprime, j'ai entendu, ô misère! le cri des femmes et des enfants; j'ai vu tomber, ô cruauté! un temple du Dieu vivant; j'ai vu mourir, ô honte sur les meurtriers! un vieillard qui se félicitait d'échapper par la mort à la nation des hommes chassés, bannis, errants, vagabonds, et traités par vous, leur roi et leur maître, comme s'ils n'eussent jamais appartenu à la société humaine. Voilà ce que je voulais te dire, ô roi, et maintenant je cherche la reine pour lui parler. »

Le roi, visiblement ému et touché, fit signe que chacun restât à sa place. Mademoiselle d'Hortis fut tout d'abord se placer devant la reine; elle prit d'une main délicate le voile de Sa Majesté, et elle le porta à ses lèvres comme une sainte relique; mais ce fut tout, et elle passa outre, sans avoir reconnu la reine. Elle s'arrêta un instant devant mademoiselle de Fontanges, et les deux mains jointes en signe de profonde pitié : « Oh! dit-elle, pauvre malheureuse que la mort a touchée de son doigt impitoyable, Dieu vous rappelle, si jeune encore!... Il est temps de vous repentir! »

Arrivée au tabouret de madame de Montespan, Marie l'illuminée hésita; on eût dit qu'elle était clouée à cette place; elle cherchait, en effet, à reconnaître la reine, et déjà madame de Montespan était aux nues... L'enfant passa outre, en levant l'épaule d'un air de dépit, et d'une voix plaintive elle disait : « La reine! la reine! je ne vois pas la reine! »

Enfin, au troisième rang des dames non duchesses et qui se tenaient à genoux sous leurs robes soyeuses et à demi cachées dans une embrasure, elle découvrit madame Scarron, disons mieux, madame de Maintenon elle-même, qui s'était fait saigner le matin, pour ne pas rougir le soir; à coup sûr, s'il y avait une humble place et bien cachée, dans cette salle du trône, c'était la place occupée par madame de Maintenon, et elle devait se croire à l'abri du drame qui sollicitait en ce moment toutes ses sympathies; il fallait, en effet, pour arriver jusqu'à elle, traverser le cercle de madame la dauphine, de la princesse de Conti, de la duchesse de Bourbon... Mais la jeune enthousiaste, obéissant à l'esprit intérieur, eut bientôt rejoint cette reine qu'elle invoquait sur le trône même de Versailles. « Oh vous! dit-elle à madame de Maintenon, qui êtes la reine de ces lieux, vous, échappée au printemps de d'Aubigné, et qui serez ici l'exemple après que tant d'autres en ont été le scandale, je vous confie, madame, le soin d'avertir le roi qu'il ne faut pas peser comme il fait sur la foi des peuples, s'il en croit l'avis de saint Paul; il y va de votre gloire en ce monde, madame, et de votre salut dans l'autre, de ne pas laisser la passion religieuse engloutir toutes choses dans le royaume; c'est à vous seule à ramasser, d'une main bienveillante et ferme, les tristes fragments des diverses religions qui ont été brisées sans pitié depuis trente ans. Madame, écoutez-moi! Il ne faut pas se faire un jeu monstrueux, un jeu sanglant et cruel de la conscience et de la liberté; il ne faut pas, à ces âmes qui ont soif de justice, présenter sans cesse le vinaigre et le fiel! Oh madame! protégez enfin une enfant infortunée que l'on veut arracher à la mère qui l'a élevée, à la maison qui l'a abritée! Délivrez-moi, par pitié, du marquis de Saint-Gilles, mon oncle, et rendez-moi à madame la supérieure de l'Enfance, qui m'appelle en me pleurant! » Un grand cri, parti du cercle royal, interrompit cette plainte touchante... Les vingt-quatre violons, et les grands hautbois, et les grandes eaux, jouaient encore leurs symphonies dans le lointain.

Mademoiselle de Fontanges, pâmée sous un horrible vertige, venait de tomber dans les bras de madame de Montespan et dans les bras de la reine. Mademoiselle de Fontanges se mourait en effet, et le roi, frappé de cette foudre, sembler se demander quel était donc ce destin, et quelle était cette pythonisse adolescente dont la prophétie s'accomplissait en un clin d'œil?... Marie d'Hortis était retournée à la fenêtre, comme si elle n'eût pas quitté sa place favorite; elle suivait d'un regard enfantin le régulier mouvement des étoiles du ciel... « Que vos tentes sont belles et vos pavillons magnifiques, ô mon Dieu! » Une larme brilla dans les yeux du roi quand il vit emporter sa maîtresse. « Adieu, sire, dit-elle, adieu, mon roi! Je meurs contente, puisque mes derniers regards vous ont vu pleurer ma mort! » en un clin d'œil disparut toute cette foule brillante; le silence et la solitude de la nuit se furent bien vite emparés de ce palais de kalifes. Resté seul avec ses ministres, le roi se mit à songer longtemps. « Ah! dit-il, si mes intentions sont bonnes, je comprends que la violence est mauvaise! Vous m'avez caché la ruine de Charenton, ce matin, monsieur de Louvois, et vous êtes cause que cette journée de louange et de gloire, que je me promettais, s'est changée en deuil et en accusation... Je veux cependant que l'on entoure de déférences et de respects cette jeune pythonisse et sa compagne. Qu'elles soient libres, je le veux; qu'on ramène mademoiselle d'Hortis à sa mère adoptive, et faites dire au marquis de Saint-Gilles qu'il se tienne à distance respectueuse de sa nièce; respectons les arrêts et les volontés de cette enfant que Dieu a visitée, et qui sait tant de choses de mon âme que je ne savais pas moi-même. Hélas! j'ai bien peur que sa prédiction ne s'accomplisse; ma duchesse se meurt! Je veux aussi qu'on laisse en repos la supérieure perpétuelle de l'Enfance et sa maison. Vous manderez à monsieur de Basville que telle est ma volonté et tel mon bon plaisir! »

XXIII.

Nous avons dit que M. de Ciron, frappé d'un mal subit, se mourait dans la chambre même de la supérieure de l'Enfance. La fièvre brûlante s'était emparée de cette poitrine délicate; le froid et la chaleur, l'inquiétude et la fatigue, les passions de l'esprit aussi bien que les passions du cœur, les années de l'exil et la joie du retour avaient également pesé sur cette frêle organisation, faite uniquement pour l'étude, pour le repos, pour la science, pour cette vie occupée, heureuse, reposée que nous enseigne la *Bouche d'Or* dans ses livres! Personne, moins que l'abbé de Ciron, n'avait été créé et mis au monde pour se mêler, comme il l'a fait malgré lui, aux colères, aux irritations et aux vengeances de ce monde voué aux disputes: théologiens, sophistes, grammairiens, scolastiques, maîtres, docteurs; docteurs angéliques, docteurs séraphiques; que disons-nous? ce bel esprit, d'une science si claire et d'une éloquence ingénue, aussitôt qu'il eut mis le pied dans ces broussailles, appartint corps et âme à l'armée évangélique : papes, légats, nonces, évêques, chapitres, abbés commandataires, abbés réguliers, assemblées du clergé, jusqu'à ce qu'enfin il fût tombé à son tour dans l'abîme et dans la disgrâce, après avoir porté la bannière proscrite de M. Arnauld dans cette longue suite de batailles dogmatiques! il se mourait en silence, sans un mot de plainte ou de regret, le regard sérieux, les mains jointes, et dans ce calme profond qui est le précurseur d'une heureuse mort.

Assise au chevet de cet homme qui l'avait tant aimée et qui s'était perdu pour elle, madame de Mondonville suivait, d'un œil plein de larmes, les progrès de ce dernier moment qui sépare l'homme de son juge, le siècle de l'éternité, et, à mesure que l'ombre s'étendait sur ce pâle visage, la malheureuse femme voyait apparaître, vêtues de deuil, les années brillantes de sa jeunesse; elle se rappelait les paroles heureuses, les regards bienveillants, les sourires, les silences même de l'amant écouté. A travers le trépas qui lui enlevait son dernier ami et compagnon sur cette terre, elle revoyait l'idylle printanière, elle entendait les concerts du mois de mai, elle évoquait, d'un sourire attristé, le moment fugitif de sa libre jeunesse, quand ce jeune homme l'entourait de ces louanges délicates, de ces tendresses timides, de ces extases muettes, de l'auréole que donne l'amour lorsqu'il fait de la femme aimée une impératrice de la terre, une sainte du ciel! Ainsi elle rêvait, au chevet de cette agonie! Et lui aussi, un pied dans la tombe, il évoquait les visions printanières; il appelait les rêves à son aide, il franchissait le terrible passage, à la suite de l'image adorée! « O (pensait-il tout bas) ! ô vanité des théologies et vanité des sciences! ô misère des disputes et des dogmes! ô malheur! préférer aux rayons du soleil les plus épaisses ténèbres; user sa vie à passer de saint Thomas à saint Augustin, de Rome à Louvain, de M. Arnauld à Pascal, lorsqu'on avait dans l'âme tant de jeunesse, tant d'espérance et tant d'amour au fond du cœur! » Voilà pourtant ce que disaient les regards de ce moribond! Telles étaient ses dernières pensées! Ainsi s'agitaient en mille regrets les derniers sentiments de ce cerveau fatigué d'émotions et de terreurs! A la fin ses yeux se fermèrent pour ne plus voir! L'âme vivait encore; madame de Mondonville la recueillit dans un suprême baiser!

Désormais elle était seule, et comme chaque jour, chaque instant apportait un danger nouveau, cette femme héroïque, à peine eut-elle enseveli son ami, son conseil, son défenseur, se prépara à la résistance extrême. En si peu de jours, le nouveau gouverneur de la province, M. de Basville, s'était emparé, à la façon d'un maître absolu, des pouvoirs qui lui étaient confiés. Déjà sa main et sa griffe se faisaient sentir avec cette activité, ce labeur, ce génie infatigable, cet artifice, cette volonté vaste et lumineuse qu'il portait en toutes choses. Pour mieux servir cette domination implacable qui s'était mise en si peu d'instants à manier et remanier le Languedoc, chacun redoublait de zèle et d'ardeur, depuis M. le premier président jusqu'au sergent royal. En ce moment, tout est sur pied, l'armée et la milice, les gardes-côtes et la garde urbaine, le présidial, le juge-mage, le lieutenant criminel, le lieutenant principal, le lieutenant particulier, tous les tribunaux de justice; messieurs les officiers du parlement, messieurs les conseillers en la sénéchaussée recherchent, avec l'ardeur de théologiens inexorables, les moindres traces des pamphlets, des placards, des proscrits; c'est à qui donnera du poids au vent et à la fumée, à qui éventera ces mèches cachées, ces tisons fumants du prophète Ezéchiel, le jour où il découvrit au fond du sanctuaire, les quatre grands vieillards qui s'y tenaient cachés. Ardeur immense, passion incroyable dans une ville si policée, à qui dénoncera, à qui livrera des malheureux!

Ainsi l'heure avançait où il deviendrait impossible

de sortir du Languedoc, et madame de Mondonville le comprit, si bien qu'elle résolut de jouer sa dernière partie. Absolument il fallait entraîner les proscrits hors de cet asile devenu dangereux, et tenter l'évasion du côté de la mer. Elle arrêta donc en elle-même qu'aussitôt les derniers et silencieux honneurs rendus à M. de Ciron elle essayerait d'une sortie à travers cette ville si bien gardée, et, afin de mieux assurer sa retraite et de diminuer les dangers qu'elle laissait derrière elle, elle fit appeler mademoiselle de Verduron, qu'elle n'avait pas vue encore, et qui vivait, depuis tantôt huit jours, enfermée dans une cellule, entre la crainte et l'espérance, très-inquiète et très-avide d'en finir avec l'entreprise commencée. La Verduron comprenait à merveille les dangers de la position; mais, en revanche, plus le danger était grand, et plus la récompense lui semblait sûre; elle voyait, à n'en pas douter, que tout ceci n'était rien moins qu'un jeu d'enfant; mais ce jeu terrible ne manquait pas de charmes pour cette aventurière, exposée si longtemps au vent du péché et, par conséquent, toute préparée à ce métier de boute-feu. Ces huit jours d'attente, durant lesquels elle fut abandonnée à elle-même et privée de l'orgueil, des richesses, des pompes, des cassolettes, des gourmandises et des délices de sa vie de chaque jour, lui avaient paru autant de supplices; repliée sur elle-même, comme fait la couleuvre, elle se mit à couver ce crime de nouvelle date. Jusqu'à présent, rien à voir, rien à entendre. Elle occupait, dans un corps de logis abandonné, sous les toits, une chambre à peine garnie d'un lit, d'une table, d'une chaise de paille, et sans miroir, sans miroir! La porte était fermée à la clef, et la servante venait, une fois par jour, apporter une modeste pitance à la pensionnaire de la reine. Après les premières questions, auxquelles cette fille ne sut pas ou ne voulut pas répondre, la belle écouteuse aux portes était rentrée dans un silence absolu. On eût dit que la reclusion était dans ses mœurs et qu'elle sortait de quelque couvent de carmélites, tant elle était calme, patiente, résignée. Elle se leva cependant, avec un empressement marqué, lorsque Marine, la servante, lui vint dire que madame l'attendait; et, en effet, à travers de longs corridors sombres et après avoir descendu une longue suite d'escaliers silencieux, elle fut conduite dans le salon de madame la supérieure. Cette pièce vaste et d'une grande magnificence était meublée d'une tapisserie de damas cramoisi, de douze siéges de même étoffe; le tapis rappelait les armoiries de la comtesse; la cheminée était surmontée d'un miroir entouré d'une bordure d'ébène; une table de marbre, sur un pied doré, et chargée de très-belle porcelaine, occupait le milieu du salon; le portrait de M. de Ciron, jeune homme, se reflétait dans cette glace de Venise; le visage de M. de Saint-Cyran et l'image guerrière de M. Arnauld remplissaient les deux panneaux de chaque muraille; un grand fauteuil en velours violet touchait à un prie-Dieu en bois de chêne; tout l'ensemble de cette pièce respirait un luxe sévère et de bon goût, aussi éloigné de la recherche que de l'austérité. Une reine de France, une Médicis, n'aurait pas désiré une retraite plus convenable, dans une plus belle et plus sérieuse maison.

Quand ces deux femmes furent en présence enfin, elles se toisèrent et se jugèrent du premier regard : mademoiselle de Verduron, vive d'esprit, alerte et subtile, comprit tout de suite qu'une lutte avec une pareille femme était impossible; de son côté, madame de Mondonville, qui touchait à la majesté même, eut bien vite reconnu dans le haut appareil de la grande coquette une créature à peine défendue et protégée par des vices qu'il était facile de lire sur son visage, une de ces mangeuses de plâtre, de charbon et de fruits verts qui ne valent guère la peine qu'on leur oppose ni habileté ni colère. Le mépris et le dédain furent donc très-grands du côté de la supérieure de l'Enfance, pendant que du côté de la Verduron un très-grand trouble et beaucoup d'hésitation se manifestaient au lieu et place de cet art, de cette audace, de ce mensonge suprême sur lequel M. de Saint-Gilles comptait si fort. La pauvre Verduron ! elle cherchait son masque, elle l'avait sur le visage! Elle était en ce moment comme si elle eût été sans âme et sans corps, c'est-à-dire sans malice et sans fard. Ces yeux clairs et bien plantés, dont chaque regard était une perfidie, semblaient couverts d'un nuage! Cette main tremblait, qui devait jeter la pierre et se cacher ensuite; ces lèvres éloquentes, on eût dit qu'elles étaient fermées par le remords. Cette illustre et habile trompeuse n'était plus, en un mot, qu'une fille décontenancée et sans grâce; une comédienne habituée à l'ancienne manière de chanter, à la vieille danse, et qui joue, au pied levé, un rôle important sur un théâtre inconnu, dans une partition dont elle sait à peine les premiers mots.

Quand elle vit cette créature qui déjà tremblait sous son regard, madame de Mondonville se sentit prise d'une grande pitié, et, sans montrer ni mépris ni colère, elle expliqua à la nouvelle fille de l'Enfance les obstacles qu'elle allait rencontrer si elle s'obstinait à faire partie de cette maison : « En effet, disait madame la supérieure, on n'entre pas violemment à l'Enfance ; on vient ici appelée, attendue et pressée par l'ardeur des bonnes œuvres. Nous ne sommes pas une maison religieuse, nous sommes une famille; trahir notre loi domestique c'est plus qu'une trahison envers Dieu, c'est trahir l'hospitalité et la bienfaisance ; telles que vous nous voyez, mademoiselle, nous sommes les filles de la peste, de la fièvre chaude et du typhus. Si nous avons nos entrées dans les hôpitaux, dans les prisons et dans les cimetières, notre devoir, j'ai presque dit notre orgueil, c'est de toucher de nos mains ces belles plaies et ces saintes flétrissures qui vous ont fait reculer de dégoût et d'horreur; donc, c'est à vous à vous sonder vous-même. Avez-vous le cœur assez haut placé pour changer ces tâches pénibles en autant de fêtes délicieuses et charmantes, pour accepter la paternité du mendiant qui passe, pour traiter comme un frère le malheureux traîné au supplice et qui vous salue de son dernier regard parce que vous aurez baisé ses mains brisées par la torture? à la bonne heure, entrez! et soyez des nôtres! Oh! mademoiselle la pensionnaire de la reine, il en est temps encore, songez-y, vous allez être soumise à de rudes labeurs, et si vous n'êtes venue ici, de votre pied léger, que pour cueillir des violettes et des groseilles, pour vous soumettre, tout au plus, à des mignardises d'austérité, pour vous dresser un tabernacle sur quelque luisante et agréable montagne de votre invention, il en est temps encore, rentrez dans le monde des femmes délicates et des dévotes de la dévotion aisée; si vous n'êtes pas forte, sortez d'ici; si vous n'êtes pas fidèle, fuyez au plus vite; si vous ne laissez pas à ce seuil la Parisienne oisive et frivole, rentrez en toute hâte dans vos domaines, et laissez-nous dans les nôtres; pour vivre avec nous dans cette maison, notre héritage et notre royaume, il vous faut absolument une raison vertueuse, une volonté droite, une âme loyale, un cœur dont le fond ne soit pas gâté, un corps bien portant. Pour la dernière fois, je veux bien vous avertir que la communauté de l'Enfance ne ressemble en rien à l'idée que vous pouvez avoir d'un couvent, d'un cloître, d'un ordre religieux; notre maison est une citadelle, notre nom est légion, notre vie est un combat, notre mort sera peut-être un martyre. Allons, mademoiselle, un peu de franchise, et convenez que ce n'est pas cela que vous êtes venue chercher de si loin! »

A ce discours, plus maternel qu'elle ne pouvait l'espérer, la Verduron, chose étrange, sentit ses craintes s'évanouir; même elle en vint à s'imaginer qu'avec un peu de ruse, un jeu délié, un esprit que chacun vantait, une larme dans ses yeux, une rougeur fugitive à sa joue, elle viendrait facilement à bout de cette femme superbe. Sa réponse fut donc nette, précise et voisine de l'audace. Elle était, disait-elle, la pensionnaire de la reine, et, quoique bien jeune encore (premier mensonge), elle n'était pas si innocente que de ne pas savoir qu'elle était venue à l'Enfance pour obéir, pour travailler, pour servir; donc elle persistait dans son dessein, et elle était prête à accomplir toutes les exigences de sa nouvelle profession.

« Qu'il en soit comme vous le voulez et comme le veut S. M. la Reine, reprit madame de Mondonville, et maintenant puisqu'il n'y a pas à s'en dédire, il est nécessaire que je connaisse le fond de votre âme et que je pénètre dans les replis de votre cœur. Une confession entière, dans toute l'étendue et la rigueur exigées par le concile de Trente, va nous mettre au niveau, vous et moi, de nos devoirs réciproques. A genoux donc; je suis prête à vous entendre : recueillez-vous! »

A cet ordre imprévu, mademoiselle de Verduron fut tentée de se révolter et d'appeler à son aide la justice de Dieu et la loi des hommes. Comment! se prosterner aux pieds de cette femme, s'accuser de tous ses péchés aux oreilles de cette femme, implorer de cette femme la pénitence, l'absolution... le ciel! Raconter sa vie entière à ce directeur étrange, comme si, en effet, la supérieure de l'Enfance avait charge d'âmes, comme si elle avait le droit de lier ou de délier, de condamner ou d'absoudre! Etait-ce possible? était-ce permis? et les constitutions de l'Enfance avaient-elles autorisé la supérieure perpétuelle à cet énorme abus de sa grandeur?... Madame de Mondonville, sans mot dire, ouvrit les constitutions écrites de la main de M. de Ciron et signées au Vatican! L'article XLV était formel. Il fallut que la Verduron se prosternât à ce confessionnal usurpé; elle ploya les genoux, et, les mains jointes, elle récita son *Confiteor*; après le *Meâ culpâ*, et quand cette main furieuse eut frappé trois fois cette poitrine haletante de haine et d'orgueil, la confession commença.

Ce qu'elle dit à voix basse et dans le ton même du confessionnal, et les yeux baissés afin que son ennemie ne pût pas lire dans ses yeux plus que dans son cœur, on peut le supposer sans peine! Elle tourna autour de la vérité, comme autour d'un abîme dans lequel on a peur de tomber; elle parla d'amour et d'amourettes, de billets galants, de coquetteries, de parures, de médisances, de toutes les peccadilles innocentes que peut commettre une fille d'Eve quand elle est jeune, agréable, jolie et recherchée; elle avoua des pensées, des paroles, des omissions, et comme la supérieure l'écoutait avec l'attention d'un directeur véritable, elle convint aussi de quelques actions scélérates, mais d'une scélératesse mitigée et de bonne compagnie. Somme toute, il résultait de cette confession générale que madame de Mondonville avait à ses pieds, et allait recevoir dans sa maison, une honnête fille qui avait subi déjà de grandes tentations sans y céder; qui, très-sollicitée et très-demandée, était restée chaste et pure; une âme innocente, à tout prendre, un esprit timide, à coup sûr, un cœur honnête certainement. Du reste, la confession était habile; la pécheresse s'y montrait et s'y révélait au dernier point; les plus habiles directeurs des âmes y eussent été pris, parce qu'ils ne sont que des hommes; la supérieure de l'Enfance n'y fut pas trompée un seul instant. « Voilà, dit-elle, votre vie entière? Vous n'avez pas d'autre révélation à me faire, et vous êtes bien vraiment telle que je vous entends et telle que je vous vois? »

Et comme la Verduron hésitait... « Vraiment, reprit madame de Mondonville, pour une fille de votre espèce, vous êtes bien habile à mentir! Mais as-tu donc espéré me prendre à ton piége, ô femme de Jéroboam que je reconnais sous ton masque et sous ces couleurs menteuses? O l'innocente! En effet à peine, à l'entendre, si elle a commis parfois le péché de paresse ou de gourmandise! à peine si elle a ressenti quelques petits mouvements d'avarice et d'envie, et, si elle a été parfois en colère, c'est du plus loin qu'il lui souvienne! O sirène! est-ce donc ainsi que vous chantez? Crocodile, est-ce ainsi que vous pleurez? Oh! fi! tuer son monde en cachette! Assassiner dans les ténèbres! Prêter un si beau voile à cette laide simonie! Eh bien, moi, malheureuse (reste à genoux!), je vais te dire qui tu es, s'écriait la superbe Mondonville, penchée sur la créature humiliée à ses pieds : tu es une fille perdue, et qui n'as vécu, jusqu'à présent, que de tes perfidies et de tes vices; tu es arrivée ici, toute chargée de l'or de Toulouse, l'or des traîtres, des parricides et des délateurs, l'or volé par Cépion et qui tue les voleurs. « Il a de l'or de Toulouse! » s'écrie notre peuple quand il veut désigner un traître, un malheureux et un menteur! Insensée et folle que tu es! tu as donc oublié cette loi du saint livre : « Garde-toi d'offrir à Dieu le prix de la prostituée ou la valeur d'un chien? » Tes péchés! dis-tu, ce ne sont pas des péchés, ce sont des crimes! Et tu t'en viens te mettre à ma merci, sans songer que si je faisais justice, je t'enverrais au Château-Vert rejoindre tes pareilles, les filles perdues, et chaque matin on te verrait, le balai à la main, balayer les immondices de la ville, moins immondes que toi! Ah! tu pensais que, dans cette maison de charité et de prière, on ne comprendrait rien à tes infamies! Tu te figurais que nous serions les dupes de ton innocence et de tes vertus immaculées! Tu venais à nous avec des paroles trempées dans l'humilité et la douceur, comme autant de flèches dans une huile empoisonnée! Eh bien, vois si l'on te connaît et si l'on te sait par cœur! Tu es une malheureuse qui s'est vendue au Saint-Gilles, au plus vil et au plus lâche de tous les hommes! Tu portes sur toi, là, dans ce sein impie et sacrilége, une promesse de mariage, si honteuse pour lui et pour toi qu'elle vous unit désormais par des chaînes de fer que je ne veux pas rompre, rassure-toi, ma chère; au contraire, je ferai si bien que toi et ton marquis vous serez rivés l'un à l'autre, comme le boulet au pied du galérien! Y suis-je donc? Et n'as-tu pas été (écoute bien ceci!) la maîtresse payée du chevalier de la Vieuville, la complaisante du commandeur de Souvré, l'espion de M. de Lyonne? N'as-tu pas vendu, pour de l'argent, les lettres de madame de Clérambault au jeune duc de Caudale, qui les a cédées à M. de Miossens? N'est-ce pas toi qui as dénoncé à M. de Louvois M. de

Chavigny et M. de Beringhem? Dans tes plus folles soirées et même dans tes moments de passion, tu conservais, pour les revendre, les paroles, les chansons, les plaintes, les folies, les forfanteries de tes amants, dont plus d'un encore expie à la Bastille les moments qu'il appelait les plus heureux moments de sa vie! Va! va! on n'a pas besoin de ta confession; on te connaît, on te sait par cœur! On sait de tes nouvelles avec le maréchal de Boufflers, avec le duc de Villeroy et le prince de Bourbon. Et tes lettres à Guillaume d'Orange, qu'en dis-tu? Et ton amitié avec le chevalier de Lorraine, que faut-il en penser? »

Au nom du chevalier de Lorraine, la Verduron, jusque-là impassible, et aussi calme dans ces orages que l'Océan par une pluie d'été, se mit à bondir comme une tigresse blessée à mort. « Le chevalier de Lorraine! s'écria-t-elle avec l'accent d'une angoisse suprême. Oui, reprit la supérieure, oui, le chevalier de Lorraine; on sait tout... on dira tout... » Et comme la Verduron, vaincue enfin, criait : « Grâce et pitié! Ni grâce ni pitié! reprit madame de Mondonville; et si je ne te livre pas encore au châtiment mérité (car je suis maîtresse ici et souveraine), c'est que je te garde pour ma vengeance; c'est que je veux te faire épouser aux autels de la peur ton marquis de Saint-Gilles, c'est que je veux le voir te promettant foi et fidélité, et te donnant en échange de tes infamies et de tes souillures son nom souillé, sa main coupable, sa fortune volée! Ah! tu en veux; tu l'auras! Et si je te dis que c'est lui qui t'a dénoncée à moi-même! Et si je te prouve qu'il ne veut plus de toi, qu'il te rejette, qu'il a enlevé naguère une nièce à lui, une enfant, pour avoir son bien, que diras-tu, la belle dame? Tu diras... au fait, tu diras ce que je voudrai que tu dises! Tu es à moi, tu m'appartiens, tu es ma proie; attends mes ordres; et cependant je vais te faire mettre en lieu sûr! »

Ayant ainsi parlé, son beau visage redevint impassible; elle appela, et deux filles de service se présentèrent, à qui elle ordonna de conduire mademoiselle de Verduron en une retraite sombre, où elle vivrait au pain et à l'eau, sur la dure et sous les verrous.

Le lendemain de ce jour avait été désigné pour la fuite des trois hommes qui se tenaient cachés dans cette enceinte. Madame de Mondonville passa toute la nuit en prière, au lit de mort de M. de Ciron; elle-même, et les filles de l'Enfance que M. de Ciron avait élevées avec le plus de soin et de tendresse paternelle, elles se préparèrent à lui rendre les derniers devoirs. A peine l'aube naissante tombait sur cette maison en deuil, et déjà la tombe du mort était creusée dans un coin du petit jardin de la tourelle, à la place même où M. de Ciron venait s'asseoir et rêver. Vivant, ce lieu lui plaisait; mort, il y trouvera le repos et l'abri que lui refuserait le cimetière. Hélas! si la douleur de cette perte est profonde, elle est muette. On n'entendra pas autour de ce cercueil, fermé avant l'heure, le chant des psaumes funèbres; ni pompe, ni luminaire; ni chant d'église, ni discours prononcé sur la tombe entr'ouverte, ni le son des cloches pour annoncer aux fidèles la mort de ce prêtre illustre et bienfaisant!... Je me trompe! car soudain, à l'heure du premier *Angelus*, les cloches de la cité endormie ont retenti au milieu de ce deuil silencieux. Le clocher de la Dalbade, dont la flèche domine les contrées d'alentour, donne le signal à tout ce bronze sacré, çà et là répandu dans les airs. A ces mélodies matinales répondent, de loin et de près, les églises et les chapelles; Sainte-Barbe et Sainte-Claire se font reconnaître à leur son argentin; Saint-Michel et Saint-Roch de *Feretra* parlent d'une voix plus haute; Saint-Barthélemy répond à Saint-Antoine-du-Salin, pendant que les pénitents blancs, les pénitents bleus et les pénitents noirs, habitués à passer d'une église à l'autre, se mêlent à ce concert que domine le bourdon de Saint-Martial. On dirait que chaque clocher gémit et se lamente de cette mort inconnue; que toutes les fontaines pleurent; que saint Exupère s'en désole dans sa châsse d'argent; que l'heure fatale est restée fixée sur le cadran immobile de l'Abat-Roger, jusqu'à la prochaine messe de minuit

Le cercueil fut déposé dans la tombe creusée; la fosse fut comblée avec soin et recouverte de gazon; madame de Mondonville prononça à peine quelques paroles et le verset du psaume où il est dit : « Que la miséricorde du Dieu tout-puissant t'accompagne! que la bonté divine soit égale à la bonté de ton cœur! » On pleurait, mais tout bas! Les cloches, qui sonnaient de toutes parts, semblèrent éclater en sanglots, comme si elles partageaient la douleur de ces aimables filles qui pleuraient M. de Ciron. Hélas! les filles de l'Enfance avaient oublié, dans leur douleur, quelle était la fête célébrée, il y avait, en ce temps-là, tant de fêtes à Toulouse! Comptez seulement les fêtes du mois d'octobre : le premier jour appartient à Notre-Dame-du-Rosaire et au parlement; le second jour à l'Ange gardien et aux pénitents bleus; viennent ensuite, fêtes fériées, la fête de saint François d'Assise chez les Dominicains, la fête de saint Bruno aux Chartreux, Notre-Dame-de-la-Victoire aux Carmes; sainte Thérèse est célébrée en latin à l'Université; saint Pierre d'Alcantara est chanté par les Récollets; viennent ensuite sainte Suzanne et saint Saturnin; le jour suivant, saint Front est invoqué dans les six églises du Taur; le dernier jour appartient à Notre-Dame-de-la-Dalbade, tout comme le 2 novembre à la commémoration des trépassés : le 2 novembre fut enterré M. de Ciron.

A huit heures du matin, tout était prêt pour le départ des trois proscrits; chaque fille de l'Enfance était de nouveau à son poste, et madame de Mondonville attendait déjà depuis quelques instants le père Cerle, lorsqu'elle le vit venir enfin, non pas déguisé comme il était convenu et caché sous l'habit d'un malade, mais en soutane, en long manteau, les cheveux arrangés avec un certain art, le collet bien fait et bien empesé; une large ceinture lui serrait le haut de l'estomac; il portait des souliers et une calotte de maroquin du plus beau grain; bref, il était vêtu comme un docteur de Sorbonne qui s'en va faire une visite de cérémonie à son évêque; et d'un geste assuré, d'une voix ferme : « Madame, dit-il à madame de Mondonville, je n'oublierai jamais votre dévouement et votre courage à nous sauver; mais voici bien des jours que nous abusons de l'hospitalité de votre maison, moi du moins, et après avoir mûrement interrogé ma conscience, prosterné aux pieds du crucifix, je viens vous dire que ma décision est arrêtée de ne pas fuir plus longtemps les périls et le supplice; je suis un des confesseurs de Jésus-Christ, un des combattants les plus obscurs de l'Eglise catholique, et mon devoir de chrétien est de tenir tête à la persécution! Ceci est donc ma volonté d'aller trouver le gouverneur de ce pas, et de me faire réintégrer dans mon cachot, afin qu'il en avienne ce que Dieu voudra. Là, du moins, je ne serai pas exposé à autoriser par ma présence le scandale de l'avant-dernière nuit, car enfin, madame, comment est mort M. de Ciron? quels devoirs religieux a-t-il remplis, et qui donc l'a réconcilié avec son Dieu? »

A ces mots, l'abbé Cerle se dirigeait du côté même de la grande porte de l'Enfance; mais en ce moment on put bien voir quelle était cette hardie et vaillante supérieure, et l'énergie de sa volonté : elle arrêta l'abbé Cerle d'un geste impérieux, elle lui représenta que, seule ici, elle était la maîtresse absolue, et qu'elle ne souffrirait pas que, par une fausse délicatesse de conscience, il ouvrît la porte de l'Enfance aux sbires, aux archers, aux bourreaux, aux flammes allumées. « Oui, disait-elle, votre martyre, monsieur, serait un crime; pendant que pour vous seul s'entr'ouvriraient les cieux dans leur gloire, nous irions, nous autres, vos complices, aux abîmes et aux enfers de M. de Basville, creusés sous nos pas; souffrez donc que je vous arrête dans l'injustice que vous allez commettre, et que je vous sauve malgré vous! » A cet ordre sans réplique, auquel le père Aubarède et le protestant exilé prêtaient l'appui de leur obéissance silencieuse, l'abbé Cerle n'eut qu'à se soumettre. Une civière était préparée, sur laquelle il fut couché comme un malade que les filles de l'Enfance vont ramener à son foyer domestique. « Messieurs, dit la supérieure aux deux proscrits, j'en suis fâchée, et je vous prie de me pardonner mon audace, mais il vous faut prendre la livrée de la maison; et vous ainsi vêtus, et moi et une autre de nos filles, nous chargerons ce brancard sur nos épaules; c'est le seul moyen de sortir de la ville et de franchir ces portes redoutables sans être suspects aux soldats de M. de Basville; hâtons-nous cependant! » A mesure qu'elle parlait, s'opéraient ces transformations subites, et tout fut prêt en un clin d'œil.

Le pieux convoi franchit le seuil de l'Enfance sans causer le moindre étonnement dans la rue et dans les carrefours environnants; la ville était faite à ces expéditions charitables, et chacun saluait au passage la civière qui avait servi à tant de malades et à tant d'infirmes portés et rapportés sur ces nobles épaules habituées à de pareils fardeaux. Ils traversèrent ainsi une partie de la ville, le père Cerle enfoui sous sa couverture de laine bleue, madame de Mondonville attelée au brancard de devant avec le père Aubarède, le protestant portant le brancard de derrière en compagnie de mademoiselle de Bigorre, qui marchait la tête haute et d'un pas aussi ferme qu'une jeune mère lorsqu'elle tient son enfant dans ses bras. Ils arrivèrent ainsi non loin de la porte qui devait les conduire enfin dans les libres campagnes du vieux Toulouse, lorsqu'ils furent arrêtés par un obstacle imprévu et terrible.

Dans l'étroit espace qui séparait la grosse tour de la tour de l'Aigle, et adossé à l'orme funèbre où avaient été pendus à diverses époques, par la populace violente, tant de soldats calvinistes et tant de magistrats catholiques : Jean Coras, François Ferrières, Antoine Latgier, le bourreau avait dressé son échafaud ce matin même, et, entouré de ses aides, exécutait en silence une partie des arrêts confiés à ses feux, à ses tortures, à ses chevalets, à ses cordes, à ses poteaux. Une douzaine de fourches patibulaires s'élevaient, en effet, dans le sanglant appareil des instruments de tant de supplices divers, toutes chargées des livres condamnés au feu, des noms voués à l'infamie, des images placées là pour attester le crime et le châtiment du coupable. L'effigie était en effet, à défaut du condamné, le supplice de sa fuite, de son absence, de son exil. Le corps échappait au glaive, le portrait et le nom restaient fixés sur l'échafaud, et ce fatal dénoûment de toute une vie imprimait dans l'âme des multitudes presque autant d'épouvante et d'horreur que lorsque le condamné lui-même était précipité, en personne, dans ces flammes, lié sur ces roues, suspendu à ces cordes. L'effigie! c'est-à-dire tout ce que la loi pouvait saisir encore, tout ce que le châtiment pouvait obtenir, tout ce qui restait de l'homme en fuite, son nom, son honneur, son bien, sa famille; sa gloire au dedans, sa renommée au dehors! Le bourreau avait donc à son aide et à son service ses peintres ordinaires, dont le grand art consistait à reproduire, en quelque charge ignominieuse et sanglante, l'habit, la forme et, autant que possible, la ressemblance de la personne suppliciée; plus l'artiste excellait à cette représentation de l'effigie, et plus il était en grande estime auprès de son chef naturel, le bourreau! C'est une des histoires de l'antique Florence, le grand peintre Andrea del Sarto, obligé par la seigneurie de représenter, sur les murs de la prison, ses meilleurs amis, condamnés au dernier supplice; il fallut obéir : le malheureux Andrea en mourut de honte et de douleur!

Ici, au contraire, le peintre ordinaire des supplices absents, qui n'était pas, que je sache, un artiste du premier ordre, s'était complu en son œuvre, et il l'avait caressée avec amour. Au milieu de ces poteaux chargés de brochures vouées aux flammes (le livre exécrable, *execrabilis et inauditus*, était percé au milieu par un grand clou, et, avant d'être brûlé, il subissait comme un autre homme l'exposition d'une heure) s'élevaient des arbres patibulaires à quelques pieds au-dessus du niveau des sentences ordinaires, et à ces gibets étaient attachés le portrait de l'abbé Aubarède et le portrait de l'abbé Cerle. On les livrait ainsi au dernier supplice, ne pouvant pas les avoir en chair et en os*.

A vrai dire, l'abbé Aubarède avait été ménagé par le Raphaël de l'échafaud; cette image était peu ressemblante et la corde était à peine indiquée; on eût dit un homme qui s'endort plutôt qu'un supplicié; en revanche, le père Cerle avait été traité avec une ironie, un sans-gêne, une vigueur dignes d'une pareille exposition. A coup sûr le peintre l'avait fait d'après nature, et il était impossible de s'y tromper. C'était lui! Voici cette tête obstinée, ce regard furieux, ces lèvres stridentes, ce front plissé, ces joues fiévreuses : c'est bien là le père Cerle qui dispute! Ajoutez, pour comble d'horreur, que le pauvre homme était suspendu à une corde qui se détachait en relief de cette peinture; c'était bien en ce moment le père Cerle pendu haut et court; sa langue passait outrageusement à travers cette bouche entr'ouverte, et par un dernier trait d'esprit, à moins que ce ne fût tout simplement une faute d'orthographe, le peintre avait écrit sur cette langue contournée le mot : *Regal!* Bref, c'était horrible à voir en ce lieu; mais dans une réunion d'amis et sur une page goguenarde, c'eût été charmant, tant il est vrai que de la caricature au supplice il n'y a que l'épaisseur d'un cordon.

Un embarras de cette espèce était bien fait pour arrêter nos voyageurs; le convoi s'arrêta, et l'on eût pu voir madame de Mondonville lire avec soin le titre des livres qui allaient être lacérés et jetés au feu par la main du bourreau. Il en est plus d'un parmi ces livres que Bayle

---

(*) L'Eglise de France affligée, où l'on voit, d'un côté, les entreprises de la cour contre les libertés de l'Eglise, et de l'autre, les duretés avec lesquelles on traite, en ce royaume, les évêques et les prêtres, les religieux et les religieuses et autres personnes de piété, qui n'approuvent pas les entreprises de la cour ni la doctrine des jésuites, par François Poitevin. A Cologne, chez Pierre le Vrai, à l'enseigne de la Justice, 1688.

lui-même, professeur aux arts libéraux en l'université de Toulouse, quand il voulut écrire l'histoire de ces luttes et de ces orages de l'esprit humain, n'a pas pu retrouver *.

Et comme l'abbé Cerle s'agitait sous sa couverture, madame de Mondonville, levant un coin de cette serge discrète : « Monsieur, dit-elle à voix basse, regardez et voyez! Si vous tenez encore à vous dénoncer vous-même, voilà le moment! » Ce fut à peine si le malheureux fut assez hardi pour jeter un coup d'œil sur sa dolente image, et il ferma les yeux d'épouvante en se voyant ainsi échafaudé.

Après cette halte funèbre, et la foule faisant place, et l'exécuteur debout, sur son échafaud, les bras croisés et regardant passer le monde comme une coquette du haut de son balcon, un dimanche, chaque porteur reprit son fardeau et sa marche, et enfin arrivés au dehors des portes, où brillait l'écusson de Toulouse : l'agneau d'argent, au chef d'azur semé de fleurs de lis d'or, non loin de la métairie de Saint-Vincent, les fugitifs, délivrés de cette contrainte, rendirent grâce à Dieu de ce premier succès. Le père Cerle, pâle encore d'épouvante, ne se fit guère prier pour changer ses habits contre la veste d'un paysan; des mulets attendaient les voyageurs, et aussitôt on se mit en route : on allait en silence et d'un bon pas.

Chaque relais était préparé à l'avance; chaque sentier était indiqué par des villageoises qui, d'un geste, montraient la route à suivre; on eût dit que la campagne immense était avertie et complice de cette fuite : le paysage était sérieux, l'heure était solennelle, le danger réel, la saison triste; l'automne avait dépouillé de sa verdure cette terre promise; l'ouragan enlevait leurs dernières feuilles aux noyers, aux châtaigniers, aux peupliers de Hollande

---

(*) Par exemple, Disputatio de supposito... brûlé par arrêt du Parlement de Toulouse; le livre a reparu dans quelques ventes, aujourd'hui que personne n'en a plus besoin.

et d'Italie; le blé avait disparu des sillons; le raisin avait été cueilli sur la vigne, le pampre s'était séparé de l'ormeau; sur cette terre si longtemps désolée par tant et de si cruelles guerres civiles et religieuses, pas de village qui ne fût entouré de son fossé et protégé de son château fort; les métairies étaient séparées l'une de l'autre par de longs espaces; à chaque pas se retrouvait la trace de la construction romaine, de la destruction française, pendant que de temps à autre éclatait soudain au-dessus des forêts, au sommet des montagnes, dans les lieux les plus escarpés et les plus difficiles, le chef-d'œuvre du grand siècle, le canal du Midi, creusé par le grand Riquet : bassins, rigoles, écluses à porter l'Océan; ces fleuves domptés dans leur cours, cette Garonne obéissante et agrandie, ces deux mers étonnées de se rejoindre; ici l'Océan grondeur, et tout près d'ici le flot plus calme des fables romaines, le lac romain et grec, la Méditerranée aux flots d'azur! L'écume heureuse d'où tu es sortie, ô Vénus! reine des dieux et des hommes, la seule divinité dont le poëte Lucrèce n'ait pas renversé les autels. On raconte que ce Riquet de Caraman, le protégé de Colbert, un jour qu'il traversait le petit ruisseau de Saint-Féréol, descendu des montagnes, plaça son bâton de voyageur au milieu de ces eaux bondissantes... O miracle aussi grand que le miracle de la pomme de Newton! ce flot coupé en deux se divise et s'en va du côté de l'Océan et du côté de la Méditerranée! « Là je creuserai le canal qui unira les deux mers! » se dit à lui-même l'homme de génie enthousiaste et rêveur.

Eh bien! (vanité des spectacles de la terre et du ciel!) de tous les spectacles et de tous les souvenirs que renfermait la contrée, s'exhalaient les plaintes et les misères des générations ensevelies sous ces tertres. Plaines et montagnes, ruisseaux et fontaines, ruines et murailles bâties, racontaient les batailles, les crimes et les vengeances du passé; plaintes énergiques et touchantes où se mêlaient déjà dans un lointain qui était proche les sanglots, les misères et les lamentations de l'avenir. Du haut et du bas Languedoc se faisait entendre le cri : « Monde nouveau! laissez passer les enfants de Dieu! » et... l'autre cri : « Mort aux *huguenaulx!* » Avec un peu de soin, on eût retrouvé vos traces glorieuses ou sanglantes, héros et tyrans de cette province : Montmorency, Duguesclin, Simon de Montfort, et toi aussi, féroce baron des Adrets! Que de massacres, de meurtres, d'incendies! Que de vallons et de plaines inondés de sang chrétien! Béziers montre ses plaies, Narbonne ses chaînes, Carcassonne ses bourreaux, Tournon ses jésuites, Annonay ses luthériens; Provençaux, Vaudois, Pauvres de Lyon, Albigeois, Bonshommes, Ariens, Sabattatti, Papistes, soldats de la grande croix, soldats de la petite croix, se plaignent et se lamentent; les échos nouveaux murmurent tout bas le nom de Basville; les Cévennes de demain préparent leurs cavernes profondes; le golfe du Lion soulève ses tempêtes pour le jour suivant; la province entière succombe sous le faix de cette nouvelle guerre de religion : « *Oppressa gravi sub religione,* » disait le père Cerle à son compagnon le protestant.

Plus calme et plus accessible aux sentiments de la liberté reconquise, le père Aubarède eût retrouvé bien vite son âme et son esprit de tous les jours. A peine il eut respiré sa nouvelle liberté, à peine il sentit la vraie terre sous ses pieds et le vrai ciel sur sa tête, qu'il redevint un brave et digne homme, également heureux du danger évité et du devoir accompli. « Ah! mon frère, disait-il, quelle était votre tentation de vous livrer au bourreau et de monter sur cet échafaud où nous avons brillé par notre absence, comme les images de Brutus et de Cassius aux funérailles de César! ou, si vous aimez mieux, semblables à ce Cremutius Cordus, dont les livres furent brûlés par le sénat! »

A la dernière étape, et comme ils approchaient de Blaye, où ils espéraient trouver une barque et gagner la pleine mer, ils furent avertis, par une petite fille qui gardait les moutons, que le rivage était plein de milice, et à peine ils eurent le temps de se jeter dans une masure voisine, où ils furent reçus, bêtes et gens, par un pauvre curé de village qui leur dit en s'inclinant le *Domine non sum dignus!* « Je ne suis pas digne de l'honneur que vous me faites, madame et messieurs; et que madame la supérieure perpétuelle de l'Enfance pardonne à mon humble maison si peu faite pour la recevoir! »

Le père Aubarède, qui était en train de citations, répondit au bon curé par les vers de Sidoine Apollinaire, lorsqu'il s'en va de Toulouse à une ferme qui est à deux jours de chemin : « Mes serviteurs étaient partis dès l'aurore, et m'avaient devancé pour planter ma tente à la distance de vingt milles; le lieu offrait beaucoup de facilité pour s'y reposer un instant; c'était une colline couverte de vieux arbres, d'où sortait une fraîche fontaine; sur nos têtes une herbe épaisse, sous nos yeux une rivière profonde, remplie de poissons, couverte d'oiseaux, pendant que, sur l'autre rive, s'élève la maison hospitalière d'un ami. » Il eût débité encore une vingtaine de vers, mais le père Cerle, impatient plus qu'on n'eût pu croire, se hâta d'entrer et de fermer la porte qui s'ouvrait en si grand à-propos pour recevoir les voyageurs.

Entre toutes les maisons de l'Enfance établies dans la province, la supérieure aimait surtout l'Enfance de Blaye, et après sa maison de Saint-Denis, au milieu des champs, et sa maison de Saint-Félix de Caraman, posée sur cette hauteur, Blaye était sa maison favorite. Ce fut là qu'elle se rendit, jusqu'au moment favorable pour la fuite, laissant les trois proscrits à la garde du bon curé.

Celui-ci ne s'étonna pas, tant s'en faut, des hôtes que lui adressait la divine Providence; il savait la menace du prophète contre celui qui ne vient pas en aide à ses frères malheureux : « Prends garde, dit Jérémie, ta maison sera minée de fond en comble, si elle n'est pas remplie du pur or de la charité! » Dieu sait pourtant si ce pauvre homme était pauvre! Sa maison était tout au plus une masure; pas de feu en hiver, pas de rideaux en été; quelques chaises de paille, un fauteuil sans bras, une table plus boiteuse que celle de Philémon et Baucis, un lit d'enfant! « *Curta supellex,* » disait l'abbé Cerle. Mais le pain de la charité porte en lui-même une saveur qui lui est propre; la charité, en pays d'obédience, en pays de concordat, même sous un vieux toit, possède ses couronnes et ses triomphes; elle se passe fort bien des vases précieux, de l'appareil, du luxe, des crédences d'or et d'argent, du revenu des sept cents abbayes de Saint-Benoît et de Saint-Augustin, plus riches que tous les monarques de l'Europe, des palais de Citeaux ou de Prémontré; une courte ration lui suffit, offerte de bon cœur. Aussi bien tous ces honnêtes gens s'entendirent à merveille, réunis qu'ils étaient dans cette masure par la persécution, par la pauvreté, par la charité.

Ce curé de campagne se plaignait, mais d'une voix si douce! « Oh! disait-il, la triste condition, curé de campagne, et comme saint Macédonius avait raison lorsqu'il châtiait d'importance l'évêque qui l'avait fait prêtre! Si j'étais seulement le moine le moins riche des soixante-quatre ordres rentés, ou le plus pauvre dans le plus pauvre des trente-quatre ordres mendiants, vous feriez bonne chère, messieurs; mais un pauvre homme sans feu ni lieu, un *déchaussé* par nécessité, un mendiant sans besace, un être qui vit si loin, si loin des évêchés, des primaties, des abbayes, des canonicats, des grandes chaires; un pasteur à qui tant de gens disputent la possession de ses ouailles, un vigneron qui voit entrer chaque jour des étrangers dans sa vigne, à peine s'il peut vous offrir le pain d'orge et le fromage de chèvre! Tel que vous me voyez, je suis le dernier échelon de l'échelle sur laquelle posent leur pied nos seigneurs les prélats lorsqu'ils veulent atteindre aux crosses, aux pourpres, aux mitres, à la béatitude, à l'auréole! Vous vous plaignez de votre vie errante à travers l'exil sans fin, mais si j'en crois le saint livre, vous êtes sur le bon chemin, mes frères, puisque vous êtes sur le chemin de la persécution! Que risquez-vous, en fin de compte? une mort glorieuse, suivie d'une récompense éternelle! Moi, cependant, me voici confiné dans ce désert, humble desservant d'un petit bénéfice qui m'est confié par le bénéficiaire, à condition que je lui abandonne la meilleure part dans la moelle des os de Noël, et c'est à peine s'il me reste un os à ronger. Encore si je n'appartenais qu'à mon maître titulaire! Mais mon second maître, le marguillage! Le marguillier est mon espion, il est mon délateur, il m'aime à peu près comme les papes aiment les conciles généraux; il est le Judas qui livre son maître aux passants! A propos de maître, il faut compter aussi ma servante, ou plutôt la dame et seigneuresse de céans. Et le sacristain que j'oublie! un voleur. Pas une quête dont il n'ait sa part! pas une offrande dont il ne s'attribue les prémices! Il pille sur les œufs et le fromage, il vole mon vin, il fauche mon cimetière, et je suis obligé de mettre le holà entre lui et le sonneur. Et quand je pense qu'il existe dans l'église de France un archevêque de Paris, un archevêque de Toulouse, un évêque-cardinal de Strasbourg, qui n'a pas quarante ans, avec quatre cent mille livres de rente, en plein repos, en pleine puissance; pour maison un palais, tout rempli de gentilshommes, d'officiers, d'abbés, de grands vicaires, de beaux esprits, de belles dames; et quand je compare à ma misère cet état si heureux et si libre, cette magnificence et cette grandeur, et ce respect qui n'a pas d'autres bornes que la circonférence des cieux et les extrémités de la terre, je me demande si je n'aurais pas mieux fait d'écrire des chansons comme notre juge d'Aurillac, monsieur Meynard, ou d'être tout simplement un moine mendiant, gras et fleuri, qui entre chaque jour dans les meilleures maisons pour y faire la quête. « Entrez, mon père! » On lui ouvre les portes, on le reçoit dans les belles compagnies et jusque dans le cabinet des grands, où il se mêle à toutes sortes de négociations importantes! O gloire de la mendicité! O sainteté de la psalmodie! Abbaye éternelle de Montcassin, assise incessamment sur cette base opulente : cinq villes épiscopales, quatre duchés, deux principautés, vingt-quatre comtés, et tant de milliers de villages, de fermes, de moulins, de rentes, pourquoi ai-je préféré à tes grandeurs cette vie de souffrances, de misères, de pauvreté, de prédication? »

Il disait ces choses-là, moitié figue et moitié raisin, moitié sérieux, moitié riant, pour le double plaisir de se plaindre et d'amuser ses hôtes, peu jaloux d'une dispute théologique, car il voyait bien qu'il avait affaire avec forte partie; enfin il aimait la paix, et il n'était pas homme à la troubler pour soutenir les droits de l'Eglise ou du roi en matière de régale : « C'était bon, disait-il, pour Son Eminence le cardinal d'Estrées, ambassadeur du roi à Rome, qui, plus d'une fois, s'est battu à coups de poing avec le neveu du pape, don Olivio Odescalchi. »

Ainsi se passèrent deux autres jours; journées de calme en dedans, de tempêtes au dehors; on eût dit que tous les flots avaient rompu leur digue et que tous les vents étaient déchaînés. Le ciel était sombre comme la mer, et le rivage inhospitalier fut abandonné des troupes qui le gardaient; car le moyen de penser que, par ces ouragans furieux, les proscrits eux-mêmes oseraient tenter de sortir? Mais que dit le Seigneur? « Invoque-moi aux jours de ta détresse. » Et ce fut justement au plus fort de la tempête que madame de Mondonville donna aux trois proscrits le signal du départ. Avec cette fièvre de volonté qui était en elle, elle avait rencontré des pêcheurs assez hardis pour tenter la fortune de ces flots irrités, et maintenant elle allait confier à cette barque fragile ces victimes de la persécution religieuse. On était arrivé au bord de la Gironde grondeuse, et chacun gardait le silence, car l'heure était solennelle, et la mer menaçait dans le lointain! Alors vous eussiez vu ces trois hommes, la tête nue et les yeux au ciel, se recueillir et invoquer tout bas le Dieu qui a dit à l'Océan : « Tu n'iras pas plus loin! » Durant cette courte prière, la supérieure de l'Enfance se tenait un peu à l'écart, soit qu'elle fût retenue à cette place par l'inquiétude de la tempête menaçante, soit qu'elle se consultât elle-même pour savoir si elle obéirait à l'entraînement de son cœur; elle hésitait... mais enfin, et comme si elle eût été vaincue par une force surnaturelle, elle se jeta à genoux sur le sable, aux pieds de l'abbé Cerle, et les mains jointes, la tête humiliée, la voix pleine de larmes : « O mon père! lui dit-elle, ne quittez pas ainsi votre servante et sans lui avoir pardonné! Ecoutez-moi! Je m'humilie et je m'accuse! J'ai péché par vanité et par orgueil! J'ai entraîné dans ma perte l'abbé de Ciron, mon ami et mon maître, et en ce moment suprême je suis en doute, ô mon père! du droit que j'avais de résister à la toute-puissance et de me mêler, comme je l'ai fait, à cette résistance dans laquelle j'ai entraîné tant de jeunes âmes dont j'avais la charge et que Dieu avait confiées à mes soins. »

A l'aspect de cette femme superbe et violente, prosternée à ses pieds, l'abbé Cerle, qui était un bon homme, se sentit saisi d'une profonde et respectueuse pitié. Il ne vit plus en ce moment que le courage, le dévouement, l'âme et le cœur de cette guerrière, les grands services qu'elle avait rendus à l'Eglise, et l'ardeur de son zèle à arracher ses victimes au bourreau! Le père Aubarède, témoin muet de cette scène imposante, eût voulu faire passer dans ses yeux, sur ses lèvres, l'admiration et l'enthousiasme dont son âme était remplie. Du fond de son cœur, le protestant exilé te bénissait et te glorifiait, ô femme forte qui venais en aide à toutes ces misères! ô vaillante qui te précipitais la tête haute dans tous ces périls!

A la fin, vaincu tout à fait par cette grandeur, l'abbé Cerle voulut parler... Il ne trouva que des larmes! De ses mains tremblantes il bénit cette tête vouée à la proscription. « Je te bénis, dit-il, ô ma fille! pour ta piété, pour ta bonté, pour ta grandeur! Mais, crois-moi, il faut être humble de cœur si tu veux être glorifiée ici-bas et là-haut!»

Quand madame de Mondonville se releva, l'eau qui montait effaça sur le sable humide la trace que ses deux genoux y avaient imprimée; en même temps, signe plus éclatant de pardon! la froide vapeur de ce pâle soleil, mêlée aux nuages que chassait le vent du nord, produisit un arc-en-ciel merveilleux, dont le souvenir est resté sous ce beau ciel. Figurez-vous, non pas l'arc accoutumé du ciel à la terre, ou de la terre au ciel, mais une colonne immense, s'élevant de la base au faîte, colorée de rouge, de bleu et de cette troisième couleur mêlée de blanc et d'incarnat. Ainsi montait la lumière, à mesure que s'éloignaient du rivage la barque, les prières et les bénédictions des trois soldats de Jésus-Christ.

XXIV

Que faisait cependant mademoiselle de Verduron, Verduron la couleuvre, au fond de la cellule où elle était détenue? Elle s'abandonnait à mille pensées de vengeances et de représailles. Elle était honteuse d'elle-même, et elle se demandait comment donc elle s'était prise au piége du marquis de Saint-Gilles? Que de larmes silencieuses! que de rages muettes! De temps à autre elle revenait sur sa question : était-elle bien la Verduron, la belle, l'intelligente, l'hypocrite, la redoutée et redoutable Verduron? Certes elle comprenait la témérité de son entreprise, et que pour tenir tête à cette femme tout lui manquait : la tête, le cœur, la force, le courage; son esprit même, ramassé çà et là dans les conversations et dans les livres, et sa beauté en habit de couleur et couverte de fard, à quoi bon esprit et beauté quand il s'agissait de résister à cette volonté, à cette puissance, à ces yeux noirs hardiment coupés et flamboyants comme le glaive de l'archange au seuil du paradis? Mais avoir été la dupe et le jouet du marquis de Saint-Gilles! Elle en serait morte de honte si elle n'avait pas espéré une vengeance. « Oui, se disait-elle, si jamais je revois la terrible supérieure, je me prosterne à ses pieds, je l'adore à genoux, et, le front dans la poudre, je la prie et je la supplie de m'accorder le marquis de Saint-Gilles et de me laisser le soin de notre double vengeance! Ah! délateur de ta complice, si jamais je puis te rejoindre, tu sauras ce que c'est que la haine et le mépris d'une femme de ma sorte!» Telles étaient ses pensées; elle vivait ainsi dans un abattement qui n'avait rien de stoïque! Elle demandait chaque jour si madame la supérieure voulait la recevoir. Mais en vain! On lui apportait l'eau et le pain, une fois par jour; la porte se refermait : tout était dit!

Pour les malheureuses créatures qu'animent le vice et l'ambition, chaque instant d'isolement est une torture, chaque heure de silence est un supplice. Rester face à face avec soi-même, ne voir que son ombre et n'entendre que sa pensée, mieux vaut la mort! Au bout de quelques nuits de cette contemplation des crimes de M. de Saint-Gilles et des siens, mademoiselle de Verduron, épouvantée d'une nuit passée encore dans ces gémonies, se leva, et de sa main habile elle fit si bien qu'elle força la serrure à peine fermée... et la voilà lâchée au milieu de l'enceinte formidable. Tout dormait! Le ciel était sombre; pas une étoile au ciel et pas une clarté sur la terre, non pas même un sentier qui se reconnaisse à sa bordure de buis et au sable dont il est semé. Où marcher? où ne pas marcher? Comment se reconnaître dans ce dédale? et si l'on me rencontre échappée? et si quelque voix vigilante me demande : « Qui va là? » Elle allait ainsi au hasard, cherchant un chemin, et tout lui échappait, même la muraille, qui semblait reculer toujours et se perdre dans l'ombre. Elle fut tentée un instant de rentrer dans sa prison (tant elle avait peur); la prison même avait disparu. Donc elle était bien seule, entièrement livrée à elle-même, et, perdue ou sauvée, à la volonté du hasard! Elle usa une heure ou deux à ce travail, et le jour l'eût surprise, errante encore, ou morte de froid et de fatigue, au pied d'un arbre, au fond d'un bassin, lorsque enfin, après avoir traversé la haie et le fossé d'un petit enclos, elle découvrit un bâtiment isolé, dans un vaste espace ombragé d'arbres frémissants, comme elle, sous la brise de minuit. Ce monument, placé là comme le centre et le mystère de la maison, laissait passer, à travers ses sombres croisées, une lueur à peine visible; mais l'œil est si perçant qui cherche une clarté dans la nuit, un phare dans l'orage, une étoile dans le ciel! A l'angle de cette chapelle une porte était entr'ouverte, et par cette entrée mystérieuse se glissaient, une à une, des ombres! On eût dit autant de fantômes enveloppés dans leur linceul que la tombe prête à la nuit jusqu'au premier chant du coq matinal. En toute autre circonstance, par ce froid et par ces ténèbres, la tremblante Verduron se fût enfuie en poussant des cris horribles; mais elle obéissait en ce moment à ce courage haletant que donne la peur, et elle entra pêle-mêle avec ces apparitions dont le voile frôlait sa robe mouillée de rosée. A peine en ce lieu, elle se blottit au pied de l'orgue, et d'un pas léger comme le vol de l'oiseau elle monta l'escalier qui conduit aux grands jeux de cet orchestre où respirent les colères et les transports du ciel chrétien. Si elle fut attentive, si elle regarda de toute son âme en suspens le spectacle qu'elle avait sous les yeux, on peut le croire. En effet, l'autel et le chœur étaient allumés comme pour une fête fériée, et pendant que les cierges brûlaient dans leurs candélabres, les filles de l'Enfance, à demi réveillées, se plaçaient autour de certains pupitres, où elles se livraient à un travail étrange et inconnu. Ces mains alertes puisaient dans une suite de casiers, on n'eût pu dire, de loin, quels fragments de métal, qu'elles assemblaient sur une lame de plomb, pendant que tous ces regards attentifs semblaient suivre et reproduire les mots tracés sur des feuillets que mademoiselle d'Alençon elle-même distribuait à chacune de ses ouvrières silencieuses; l'œuvre marchait, rapide comme la pensée; on n'entendait que le bruit régulier de ce métal sonore, on ne voyait que ces jeunes têtes penchées et ces mains alertes qui allaient et venaient, un peu empêchées par les manches flottantes de la robe aux longs plis.

Ce travail, divisé en quarante parts, allait très-vite, et bientôt mademoiselle d'Alençon, entr'ouvrant l'autel, en fit sortir une machine singulière, dans laquelle furent placées ces planches diverses; en ce moment le travail changea; les pupitres furent abandonnés, et toutes ces forces réunies se portèrent sur cette machine formidable, à laquelle ces jeunes bras donnèrent le mouvement et la vie! Alors enfin cette Verduron, ignorante des mystères les plus vulgaires, eut une intelligence assez exacte de cette œuvre des ténèbres; elle vit que le papier blanc sortait de cette table magique tout chargé de longues traces noires qui représentaient les passions et les colères dont le gouvernement était en peine; elle sut enfin pourquoi ce travail nocturne, pourquoi ce mystère et ce silence? « Ah! le voilà découvert ce foyer d'éloquence et de passion! cet arsenal d'accusations et de menaces! Le voilà signalé cet outil de dommage et de résistance! Voilà le secret pour lequel, moi la Verduron, j'ai été envoyée à l'Enfance! O bonheur! ô triomphe! ma mission est accomplie. Je vais régner! je vais vivre! Il est à moi désormais ce marquis de Saint-Gilles qui m'a dénoncée! » En un mot, telle fut l'exaltation de cette femme, et si grande se trouva sa victoire, elle se trouva elle-même, en ce moment funeste, si pareille à cette belle et vertueuse Thélésille, qui s'arme pour combattre les Spartiates, qu'elle oublia l'heure, le danger, le mystère, la prison, la colère, les menaces, elle oublia mademoiselle d'Alençon elle-même, qu'elle voyait pourtant aller et venir dans cette mêlée; alors, frappant du pied et des mains, la Verduron, chose incroyable! fit jaillir soudain, de l'orgue chargé de tempêtes, l'émeute des voix, le bruit des foudres, le duo éternel de la plainte d'ici-bas et de l'imprécation de là-haut! Et plus l'orgue réveillé se lamentait en confuses harmonies, et plus la Verduron appuyait sur cette détente des vents déchaînés, pendant qu'à ce bruit, à l'aspect de cette étrangère venue là pour les perdre et pour les vendre, mademoiselle d'Alençon et ses compagnes franchissaient ces degrés retentissants sous leurs pieds irrités. « Ah! s'écriaient-elles, la fille de joie fait des siennes! Elle a brisé ses verrous! Elle s'est enfuie, elle est venue ici comme un chat-huant, elle sait tout, elle a tout vu! Malheur à elle! malheur à nous! » Telles étaient les fureurs, les imprécations, les voix, les menaces; la Verduron, plus morte que vive, s'était réfugiée sur les marches de l'autel, elle s'était retranchée derrière cette presse qui avait fait passer à la province rebelle tant d'heures vengeresses, qui avait imposé aux gouverneur du Languedoc de si mauvaises nuits et de si mauvais jours.

La première épouvante une fois passée, le silence se rétablit soudain, et mademoiselle d'Alençon, à voix basse: « Vous l'avez voulu, mademoiselle, dit-elle à la Verduron; on vous avait avertie du danger; on vous avait fait comprendre que vous étiez devinée et connue tout autant que le marquis de Saint-Gilles, votre espion et votre complice; on vous avait enfermée, par pitié pour vous, entre quatre murailles, et, pour tout châtiment, on ne vous demandait que de vivre sans nuire à personne! Au contraire, vous avez voulu pousser jusqu'au bout votre trahison et vos perfidies! Vous avez voulu absolument nous livrer aux vengeances et aux châtiments qui nous attendent, pour avoir protégé et défendu, de toutes nos forces, les opprimés contre les oppresseurs, la vérité contre le mensonge, la liberté de l'Eglise contre les envahissements du sceptre; eh bien! que votre destinée s'accomplisse: il faut mourir! »

On vit alors se porter sur la femme condamnée quatre

servantes armées chacune d'une baguette; on vit en même temps la Verduron pâlir, chanceler, tomber. Le cœur cessa de battre, la poitrine perdit le souffle; le feu du regard, si lent à briller, si prompt à partir, s'éteignit soudain; l'esprit vital, sous lequel marchent deux à deux les cordes sensibles, se brisa comme fait un luth délicat sous une main grossière qui le frappe au lieu d'en toucher! Elle se mourait, elle était morte! Les yeux s'étaient fermés pour ne pas voir le supplice, les oreilles s'étaient fermées pour ne pas l'entendre! Il n'y a guère que les parricides ou les femmes perdues qui ont peur à ce point-là.

Accueillie à son retour par ce cruel incident, la supérieure de l'Enfance tendit la main à mademoiselle d'Alençon, comme ferait un général d'armée qui, pressé de toutes parts, n'a pas encore perdu tout espoir. Elle-même elle voulut revoir la femme morte si misérablement; on avait couché mademoiselle de Verduron sur un lit de parade, et, afin sans doute d'apaiser son âme irritée, on avait paré ce corps fragile comme il aimait à être paré de son vivant. La tête n'avait rien perdu de sa gentillesse; une mousseline unie, attachée par un pli au milieu de cette chevelure flottante, donnait à ce visage d'une grâce profane les couleurs apparentes du sommeil; un simple corset, renoué de rubans roses, se rattachait à une robe blanche, dont les devants garnis de dentelles se relevaient sur un jupon brodé; la ceinture était nouée avec art, le pied était strictement chaussé d'un soulier noir sur un bas de soie à petits jours. Si elle eût pu se voir attifée ainsi, la coquette! « Pauvre malheureuse! murmura madame de Mondonville, et quel terrible chemin après tant de délices pour passer dans l'éternité! »

Elle était seule avec le cadavre, elle prit dans ses mains cette main froide et souple encore, et... voyez quel était ce génie habitué aux luttes désespérées! la supérieure de l'Enfance, à demi penchée sur cette femme anéantie : « Ecoute-moi, lui dit-elle, écoute-moi! Il se peut que tu ne sois pas morte! Il y a des spasmes si semblables à la mort que plus d'une mère s'y est trompée! Nous avons vu des léthargies si profondes qu'on les mettait au tombeau où elles se sont débattues quand vint le réveil! On a retrouvé, chose horrible! plus d'un cadavre qui s'était retourné dans son cercueil! On dit aussi que la léthargie est un sommeil éveillé; on voit, et rien ne paraît dans l'iris de cet œil endormi; on entend, et l'oreille semble frappée d'atonie; on sent, et le frémissement intérieur ne va pas plus loin que le cœur, qui reste seul exposé à ces frissons impuissants! Donc, tu es en catalepsie, tu n'es pas morte; sois attentive et comprends-moi! »

Elle parlait à voix basse, mais d'une voix si claire, qu'à défaut de l'ouïe on eût pu lire sur ses lèvres et dans ses yeux ce qu'elle disait. Après un silence, elle reprit lentement la suite de son discours : « Tu vois... oui, tu vois que l'heure est proche où l'on va te porter en terre! Il le faut! Déjà la ville se remue et s'agite, l'église est tendue et le peuple attend. Si tu avais été des nôtres, j'aurais pu, dans mon doute, te donner tout le répit qui est dû à une mort inexplicable; mais malheur sur toi! l'œil du gouverneur ne t'a pas perdue de vue; il sait que tu es morte, et il veut te revoir. De son côté le marquis de Saint-Gilles, tu entends bien, le marquis de Saint-Gilles, ce fameux comédien, est à son poste; il te pleure tout haut, il t'appelle, il te redemande, il porte ton deuil, il fait un bruit immense autour de ta tombe creusée; il a fait afficher ses noces et les tiennes, au grand autel; il a même demandé toutes dispenses à notre archevêque qui les lui a accordées; il se sert de ton deuil pour ameuter contre moi toutes les passions ennemies; il dit que je lui ai tué sa femme, son amie, son amour, sa passion, sa marquise de Saint-Gilles; et si en effet tu es morte, si, quand je te dirai : « Lève-toi! » tu restes dans ton cercueil, alors en effet le marquis triomphe et de toi et de moi! ton cercueil et ma ruine servent également à son apothéose; toi ensevelie et moi exilé, il se réhabilite dans cette même ville et devant ce même peuple à qui j'ai prouvé que cet homme était un homme sans cœur; ainsi, comprends-moi bien, et rappelle tes sens égarés! le Saint-Gilles, parce que tu auras succombé sous un moment d'épouvante, se voit délivré tout ensemble, de son mariage avec toi et de la gêne où je le tiens d'un regard! Tu es sa dupe et je deviens sa victime; il se rit de toi et il me foule d'un pied vainqueur! Notre intérêt est donc le même, et voilà pourquoi tu n'es pas morte, et pourquoi il faut que tu sois à ta réplique! Allons, âme vigilante dans un corps immobile, ne va pas t'endormir au moment du réveil et de la vengeance! Rappelle-toi la belle Ginevra, ensevelie vivante dans la dernière peste de Florence, et ne compte pas, non certes, sur le marquis de Saint-Gilles pour faire ouvrir ton sépulcre une fois que tu y seras descendue; au contraire, il faut compter qu'il y fera placer un marbre des Pyrénées, le plus lourd de tous les marbres, avec ta louange funèbre en lettres d'airain, et tu l'entendras, prends-y garde! pousser des sanglots ironiques sur cette fosse à jamais fermée. Morte ou vivante, il faut aller où Dieu nous pousse toi et moi; j'entends mes filles qui viennent te prendre pour te conduire... à l'autel si tu veux... à la tombe si tu n'es pas assez forte pour briser les liens qui tiennent ton cœur immobile. Sois tranquille cependant, tu es belle ainsi; on te portera, le visage découvert, afin que l'air extérieur, et peut-être le regard des hommes, te puissent retirer de ta léthargie; allons! un brin de fard sur ta joue pâlie, un brin d'incarnat sur tes lèvres, et si tu veux, regarde-toi! »

Ayant ainsi parlé, la supérieure de l'Enfance présenta en effet à cette créature profane un miroir encadré dans la plume flottante; une douce clarté se répandit en ce moment sur ce visage embelli par la mort; on eût dit que l'œil éteint se ranimait au contact de cette lumière souveraine, on eût dit que la bouche allait sourire, et que, vivante, la coquette Verduron ne s'était jamais trouvée plus à son gré que couchée au cercueil...

Le bruit d'une fille morte à l'Enfance avait bientôt franchi cette enceinte abandonnée aux plus cruelles présomptions, cette fumée qui monte toujours; le peuple, qui savait le nom de toutes ses bienfaitrices, demanda le nom de sa fille qui n'était plus, et comme ce nom-là ne disait rien à ses souvenirs, il ne s'inquiéta guère de la cérémonie funèbre; au contraire, dans l'hôtel de M. de Basville l'étonnement fut grand et voisin de l'épouvante, lorsque le gouverneur, le marquis de Saint-Gilles, le père Ferrier et quelques hommes qui étaient dans les secrets du gouvernement apprirent la mort de la femme qu'ils avaient tout exprès jetée au milieu de ces mystères! M. de Basville, à cette nouvelle, se sentit troublé jusqu'au fond de l'âme. Il cacha son inquiétude et son trouble; le père Ferrier et ses amis se regardaient épouvantés, mais silencieux; seul, M. de Saint-Gilles jetait le feu et la flamme, impatient d'arriver à la vengeance rêvée, impatient de retrouver l'estime publique, heureux surtout d'échapper à la récompense qu'il avait promise à cette profane. Ainsi la rue était calme pendant que les hauteurs étaient pleines d'agitations. Sur le midi, le convoi se réunit à la porte de la maison en deuil; la confrérie des Ames-du-Purgatoire, la confrérie de Saint-Sébastien, de l'Assomption et de Notre-Dame étaient arrivées précédées de leurs bannières et chantant le cantique en l'honneur de la sainte Vierge :

Maria dona touta bella
Regina de misericordia...

Le convoi, peu nombreux au départ, s'augmenta bientôt des pauvres, des curieux, des bonnes âmes qu'il recueillait en chemin; le clergé de la Daurade était venu au-devant du corps qui était porté par les filles de l'Enfance; madame la supérieure, entourée de ses filles et des gens de sa maison, marchait, en grand habit, derrière le cercueil. Ce fut la dernière fois qu'elle parut en public, cette femme intrépide, l'orgueil de sa ville natale, et jamais peut-être sa fière et éclatante beauté ne s'était montrée aux galeries de ce monde plus digne des hommages et des respects qui l'entouraient. Tous les regards étaient fixés sur elle, et plus d'un œil était humide de reconnaissance et de tendresse. Telle, et dans une majesté moins chaste, moins honnête et moins sainte, se montrait jadis à ce même peuple de Toulouse une beauté séditieuse, appelée en son temps la belle Paule, et dont la mémoire s'est conservée comme un des plus rares chefs-d'œuvre de la création divine. « La plus belle femme qui soit d'un pôle jusqu'à l'autre pôle[*]! » disait un enthousiaste en son langage tolosain; et pas un homme, à l'aspect de l'éclatante supérieure, qui ne célébrât de la même façon sa bonne grâce, son noble port, son regard impérieux, sa calme et imposante beauté.

Cependant, à chaque pas qui la rapprochait du cimetière des comtes, à la Daurade, cette femme, au visage impassible, sentait l'épouvante monter à son âme! Elle marchait fière encore, mais sans espoir! De temps à autre son regard se portait sur le cercueil de feue mademoiselle de Verduron, où se montrait, exposée à tous les regards, cette face blême où la vie et la mort semblaient avoir achevé leur dernier combat. On arriva ainsi dans cet entassement de cloîtres, de chapelles, de tombeaux, mélange païen et chrétien de toutes sortes de ruines et d'ossements, sous l'invocation de Sainte-Marie-la-Daurade. Avant le Christ et la Vierge, Apollon et Minerve avaient eu leurs autels en ce lieu d'antique origine. Les colonnes, les voûtes, les pierres de l'édifice, croulant sous les siècles, racontaient encore, à qui savait les comprendre, les his-

---

[*] La Paule-Graphie, ou Description d'une dame toulousaine, par Gabriel de Minut, dédié à la reine-mère, Catherine de Médicis, par sa très-humble et très-obéissante servante Charlotte de Minut, très-indigne abbesse du pauvre monastère de Sainte-Claire, dans Tolose. Lyon, 1687.

toires et les croyances d'autrefois. Là se retrouvaient vivantes les traces énergiques de l'art byzantin, de l'art grec, de l'art romain et des rois visigoths; les ruines du monument polythéiste avaient servi à former les boulevards de l'Église catholique; chaque siècle, depuis l'avénement de l'Évangile, avait laissé en passant, dans ce lieu sanctifié par les âges, sa grâce, son parfum, ses bas-reliefs, sa parure, ses tombeaux. Les deux Testaments étaient gravés sur ces pierres éloquentes; les chapiteaux récitaient les légendes, les bas-reliefs chantaient les cantiques; sur les murailles et dans un incroyable fouillis d'arabesques, de rinceaux, de feuillages, digne avant-scène de ces tragédies, s'agitait le drame éternel du bon et du mauvais principe, du démon et de l'ange, du ciel et de l'enfer, pendant qu'à vos pieds, dans l'église, sous l'église, au fond du cloître, vous pouviez lire, en lettres brisées par le temps, à demi couvertes par la mousse ou disjointes par la pariétaire, amie des choses tombées qu'elle recouvre et protége de sa pâle verdure, les plus grands noms des générations écoulées. Ici les comtes de Toulouse, ici les archevêques, ici dame Clémence Isaure... les grandeurs de la prière, de la poésie et de la gloire perdues au milieu des tombes sans nom.

Le convoi s'arrêta à la porte de l'église, et l'on put voir sur le seuil M. de Basville, le père Ferrier, le président et plusieurs conseillers du parlement, et enfin le marquis de Saint-Gilles, qui attendaient ce qui allait venir. Le marquis de Saint-Gilles était en grand deuil, en manteau et en pleureuses; son visage était empreint des marques de la plus violente désolation. Il tenait à la main un mouchoir baigné de ses larmes. En présence du convoi funèbre et aussitôt que la supérieure put l'entendre, il se mit à sangloter comme un enfant. « Ah! disait-il, te voilà, ma fiancée immolée à la rage de ces femmes, te voilà, ma jeune épouse! te voilà, ma vie et mon orgueil, victime de ton dévouement et de ton zèle! On l'a tuée, messieurs, on l'a tuée. Je vous dénonce le meurtre et la meurtrière! »

Et il montrait du doigt madame de Mondonville, et celle-ci, la tête haute et le regard immobile, restait exposée à tous ces regards qui l'interrogeaient!

La position était difficile, et comme chacun se maintenait dans ce profond silence qui est déjà l'accusation, il était évident que le marquis de Saint-Gilles allait prendre enfin sa revanche sur son impitoyable ennemie. Lui, cependant, après les premières imprécations, il s'était agenouillé au pied de cette bière, et, les lèvres collées sur la main de la fille endormie, il poussait de profonds sanglots.

« Monsieur le marquis, lui dit enfin madame de Mondonville, est-il bien vrai que vous pleuriez ainsi? Votre douleur est-elle sincère! Etes-vous disposé, en effet, à prendre cette femme par la main et à la mener à l'autel?

A cette voix qui lui donnait le frisson, le marquis de Saint-Gilles releva la tête. O surprise! pas une larme dans ses yeux! L'œil était sec, mais hagard, inquiet et tout rempli de ce doute qui est un supplice. « Allons! s'écria la terrible supérieure en prenant la main de la femme morte, allons, madame, c'est trop dormir, votre mari vous appelle! Voici vos témoins, le prêtre vous attend. Au nom de votre gloire, au nom de vos amours, au nom de Saint-Gilles et du chevalier de Lorraine (dit-elle baissant la voix), éveillez-vous, marquise de Saint-Gilles, éveillez-vous! »

Un double frisson parcourut l'assemblée et se fit sentir dans le cercueil, pareil à ces flammes bleues à peine visibles qui voltigent sur les marécages. Et la morte, rappelée enfin à la douce lumière du jour des vengeances, reconnut son amant par un sourire! Elle lui tendit ses belles mains d'un geste mignard qu'elle avait étudié en chemin. « Qui m'appelle? dit-elle en se levant sur sa couche funèbre; qui m'appelle? disait-elle encore en quittant cette bière doublée de satin blanc. Est-ce toi, marquis, est-ce toi (en même temps elle arrangeait avec grâce les plis de sa robe un peu froissée)? est-ce toi que j'ai entendu et qui me réveille? O mon ami! j'ai bien souffert! quel supplice! quelle torture! J'étais morte et vivante! je voyais tes larmes et je ne pouvais les tarir! J'entendais ta voix et je ne pouvais pas te répondre! Tu parlais de mes noces, et j'allais au tombeau! Merci, mon Dieu! » Puis, se tournant vers madame de Mondonville, étonnée elle-même de ce jeu de la mort et de la coquetterie : « Et vous, madame, acceptez aussi mes actions de grâces pour les soins dont vous m'avez entourée... » Elle se pencha alors, et, baisant la robe de la supérieure éblouie : « Eh bien! lui dit-elle tout bas, ai-je joué mon rôle, et le Saint-Gilles est-il ma proie en effet? »

Ceci se passa en moins de temps qu'on n'en met à le raconter. Ces hommes parlementaires et ces hommes d'Eglise, partisans de l'ancienne morale en perruque et en rabat, se regardaient l'un l'autre avec une épouvante facile à lire sur leurs visages. M. de Basville lui-même était sur le point de crier : Au miracle! Le marquis de Saint-Gilles, pris au filet de cette ressuscitée, avait reculé de deux pas. La foule d'en bas, plus volontaire et plus facilement enthousiaste que la foule d'en haut, criait : Au miracle! En ce moment, madame de Mondonville n'avait qu'à faire un geste, et l'émeute, qui n'attendait qu'un signal, s'emparait de la province entière. Eh! cette femme avait, de son côté, l'estime, le respect, la louange, une bienfaisance singulière; elle avait l'énergie, l'éloquence, la force, la volonté, les miracles passés, le miracle récent; elle était aimée des protestants, elle était chère aux jansénistes, elle tenait au monde, elle tenait à l'Eglise, elle était animée du double esprit du prophète Elisée qui brillait dans ses grands yeux!

M. de Basville comprit le danger; il était venu au monde et il avait été imposé au Languedoc tout exprès pour comprimer l'enthousiasme, pour faire la guerre à l'inspiration, pour imposer silence à ces Toulousains « habitués à chasser leurs comtes, dit la chronique, et à traiter avec leurs rois! » Avec son merveilleux instinct de commandement, cet homme comprit que s'il ne donnait pas, à l'instant même, un spectacle à cette foule et un nouveau cours à cet enthousiasme, la ville entière allait éclater!

Heureusement, grâce au notariat universel de l'Eglise, qu'il avait son spectacle sous la main.

« Monsieur de Saint-Gilles, dit-il au marquis stupéfait, puisque le ciel rend à vos vœux et à vos larmes une fiancée digne de vous, et puisque tout est prêt pour ce mariage, il me semble qu'il est bon de l'accomplir à l'instant même! L'Eglise le permet, le peuple l'attend! Votre fiancée est toute parée, venez donc, et changeons en fête ce jour de deuil. »

Il fallut obéir! Le peuple, irrité de longue main des lâchetés publiques du Saint-Gilles, n'eût pas souffert une fuite nouvelle. Le marquis prit par la main la pâle et languissante Verduron; ils entrèrent, elle et lui, suivis de toute l'assistance, dans cette église tendue de noir; et à la même chapelle qui attendait une morte, sous les tentures funèbres et par un prêtre en deuil, fut célébré ce mariage assorti d'une fille sans vertu et d'un homme sans honneur.

Ces justes noces à peine achevées, la supérieure de l'Enfance voulut rentrer dans sa maison... un exempt du gouverneur l'arrêta au sortir de l'église. En l'absence de la supérieure et de ses filles, les gens du gouverneur avaient pénétré dans la maison de l'Enfance; on avait trouvé le dernier pamphlet à peine sorti de la presse clandestine, et maintenant M. de Basville savait tout ce qu'il voulait savoir.

Madame de Mondonville fut enfermée à la tour de Saint-Jean, en attendant que le conseil du roi eût décidé de son sort. Sa maison fut envahie, et ses filles en furent chassées par les dragons, dignes missionnaires du marquis de Louvois. Ni la jeunesse de ces infortunées, arrachées à l'asile où elles espéraient vivre et mourir, ni leurs prières, ni l'éloquence de mademoiselle d'Alençon, la vaillante et l'implacable, ne purent fléchir l'homme inflexible. On les voyait, éplorées et fondant en larmes, attester le ciel de la violence qui leur était faite, et renouveler dans les rues ces vœux que l'on brisait sans pitié!

La chapelle fut renversée avec rage; la maison fut brisée de fond en comble; les revenus furent saisis, les terres furent vendues! On abattit les croix, on ravagea les jardins, on brûla les meubles, on chassa les malades! Ce fut dans toute la ville une suite de plaintes, de gémissements et de murmures, et il fallut envoyer au plus vite un nouveau régiment à l'aide de ces premières violences, dignes présages de toutes les cruautés à venir.

Au plus fort de ces exécutions, l'ordre vint enfin, au nom de Louis, par la grâce de Dieu roi de France et de Navarre, comte de Provence, Forcalquier et terres adjacentes, de conduire madame de Mondonville dans le couvent des filles hospitalières de Coutances, où elle fera pénitence de ses péchés jusqu'à la fin de ses jours. Arrêt sans pitié! peu s'en fallut même que l'arrêt ne fût plus sévère : plusieurs membres du conseil avaient demandé, pour tant de rébellion, la peine de mort.

Avant d'être emmenée à sa dernière destination, cette noble femme eut cependant une suprême consolation. Elle obtint de M. de Basville la promesse que les restes mortels de M. de Ciron, maintenant que l'Enfance était brisée et ses débris jetés aux vents irrités, seraient inhumés en terre sainte. Elle eut aussi le bonheur douloureux de revoir mademoiselle d'Hortis, l'enfant de son âme et de son cœur. Hélas! l'enfant ne reconnut pas sa mère! Elle était toujours souriante et bonne, mais le rêve s'était emparé de ce jeune esprit, et dans ce monde où elle devait passer comme une fleur, elle n'aimait plus que les deux compagnons de sa vie, mademoiselle de Prohenque et du Boulay. « Je vous la confie; aimez-la, protégez-la, » disait madame de Mondonville, une heure avant son départ, au jeune avocat qui l'écoutait comme un sujet écoute sa reine qui va mourir. En même temps, cette femme généreuse, tirant de son sein le seul bien qu'elle eût sauvé :
« Je te donne à toi, Prohenque, et je vous donne à vous, du Boulay, afin que vous en soyez les gardiens et les dispensateurs fidèles, le testament qui faisait de moi l'héri-

tière de l'oncle même de Marie! Hélas! Dieu sait que je ne vivais que pour elle! Remplacez-moi auprès de mon enfant! Partez! fuyez ce pays des persécutions et des cruautés! Vous avez un ordre du roi, profitez-en; car l'heure viendra bientôt où ce sera folie et crime de sortir du Languedoc, même sous la foi des passe-ports. Adieu encore! allez rejoindre en Hollande notre ami et père, M. Arnauld. Racontez-lui nos misères. Dites-lui que nous avons succombé dans la défense de ses doctrines. Qu'il vous unisse l'un à l'autre de ses mains vénérables, vous, ma Prohenque, et vous, maître du Boulay, qui vous montrerez digne des bienfaits dont je vous comble. Et toi, ma petite Marie, allons! courage, ne crains rien! ô pauvre enfant dont ta mère avait prévu les destinées, encore un sourire pour moi, encore un baiser! »

Toutes ces destinées s'accomplirent. La supérieure perpétuelle de l'Enfance se vit enfermée, à la fleur de l'âge, de l'esprit et de la beauté, dans une cruelle maison, où elle fut traitée comme une criminelle d'Etat; du Boulay se maria dans une église d'Utrecht avec mademoiselle de Prohenque, et mademoiselle d'Hortis devint tout de suite leur fille aînée. M. Arnauld bénit cette union de deux honnêtes cœurs, de deux esprits sincères; mais l'illustre capitaine des batailles dogmatiques, qui de près ou de loin avait conduit toutes ces guerres, ne s'en tint pas à cette bénédiction suprême! Un livre parut bientôt au milieu de la France indignée, qui fut à la fois le châtiment des vainqueurs et la consolation des vaincus! Ce livre s'appelait : *Le cri de l'innocence opprimée* [*] *!* Et M. Ar-

---

[*] Le cri de l'innocence opprimée dans les filles de l'Enfance. — Suite de l'innocence opprimée. — Addition. — L'innocence condamnée à se détruire soi-même. — Relation sur l'institut des filles de l'Enfance, par une des filles de la congrégation de la maison de Toulouse. — Histoire de la congrégation des filles de l'Enfance, contenue dans un mémoire présenté au parlement de Toulouse

nauld, dans cette dernière cause qu'il a plaidée à tant de reprises à la face de l'Eglise catholique, a rencontré rarement des paroles plus éloquentes. » s'écrie-t-il avec l'apôtre saint Paul. Et avec cette logique indomptable qui lui servait de génie, il appelle à l'aide de sa dernière forteresse toute l'éloquence qu'il avait déployée, il y avait dix ans à peine, à la défense du Port-Royal : « O mon ennemi! ne vous réjouissez pas de ce que je sois tombé; je me relèverai quand ce temps d'affliction et de ténèbres sera passé! »

Mais le coup était porté; le roi l'emportait sur le pontif; en vain le pape Innocent XI, défenseur intrépide des évêques proscrits et des priviléges de leur Eglise, déclarait à la face du monde qu'il serait inflexible; les évêques de France répondirent en s'inclinant devant *le fils aîné de l'Eglise*, et ce grand différend, dont Bossuet fut nommé l'arbitre, tourna au profit du roi et à sa louange. « Nul prétexte, disait Bossuet, nulle raison ne peut autoriser les révoltes! Il faut révérer l'ordre du ciel et le caractère du Tout-Puissant, dans les princes quels qu'ils soient; leur couronne est hors d'atteinte; l'Eglise leur a érigé un trône dans le lieu le plus sûr de tout et le plus inaccessible, dans la conscience même où Dieu a le sien, et c'est là le fondement le plus assuré de la tranquillité publique! » Ces paroles furent la condamnation définitive des évêques opposants; elles donnèrent tort à tous ceux qui avaient payé de leur liberté ou de leur vie leur résistance à la volonté royale; toutes les volontés se courbèrent, dans cette obéissance unanime. L'institution de

---

par messire Guillaume de Juliard, prêtre, docteur en théologie, prévôt de l'Eglise métropolitaine de Toulouse. — Avis des docteurs sur les constitutions de l'Enfance. — Mémoires pour les filles de la congrégation de l'Enfance. — Recueil des pièces concernant la congrégation des filles de l'Enfance. — Histoire de la congrégation des filles de l'Enfance par Reboulet d'Avignon, l'auteur d'une histoire de Clément XI.

l'Enfance, à jamais perdue, ignorait même en quel abîme était tombée son illustre souveraine. En vain le nonce du pape et le pontife lui-même réclamèrent en faveur de la condamnée : il fallut obéir et se soumettre! Il fallut renoncer à te revoir jamais, ô Toulouse! la cité sainte! ô domaines, ô puissances! Eh! le moyen de résister à ce mouvement de la royauté qui marche d'un pas égal à l'accomplissement de ses grandeurs?

Madame de Mondonville se résigna. Elle appela à son aide la prière, le repentir, l'abnégation. Une seule fois, quand le bruit vint à ses oreilles que le chevalier de Lorraine était accusé par de nombreux indices d'avoir empoisonné madame Henriette, la plus touchante des héroïnes de Bossuet, elle fut sur le point de déclarer qu'elle connaissait en effet la complice de ce grand crime... « A quoi bon? se dit-elle; ne suis-je pas assez vengée? mademoiselle de Verduron n'est-elle pas marquise de Saint-Gilles, et M. de Saint-Gilles n'est-il pas le mari de mademoiselle de Verduron? »

Ainsi marchaient les siècles jadis! Voilà pourtant dans quelles batailles s'aiguisait l'esprit humain, pour quelles doctrines les plus grandes âmes et les plus fiers courages donnaient leur liberté et leur vie! Le siècle de Louis le Grand est rempli de ces histoires trop vite oubliées; car l'injuste oubli s'est étendu sur des noms dignes de notre pitié, de nos sympathies et de nos lointaines contemplations. A peine morte, la supérieure de l'Enfance fut remplacée dans l'attention des hommes par cette nouvelle sainte Thérèse, madame Guyon, qui souleva plus de batailles entre les deux plus grands génies de l'Eglise, Fénélon son *fanatique* et Bossuet son adversaire, que la belle Hélène entre les Troyens et les Grecs! Noble lutte des convictions et des volontés chrétiennes où chaque combattant, dans ces états d'oraison, a sa part égale de génie et de soleil; et plus tard, sur la fin du règne, car tout s'affaisse si vite en ce pays des intelligences! le roi Louis XIV expire au milieu des disputes misérables de la bulle *Unigenitus;* jusqu'à ce qu'enfin à force de ne plus savoir la religion, ses fondements, ses origines, sa suite; à force de ces grands esprits qui blasphèment « ce qu'ils ignorent et qui se corrompent dans ce qu'ils savent, qui pour seule autorité ont leur hardiesse et pour seule science leur décision précipitée, » il n'y eut plus en France ni calvinistes, ni luthériens, ni jésuites, ni jansénistes, ni chrétiens, et que la rencontre furieuse des partis politiques eut remplacé ces disputes religieuses, consacrées si longtemps par l'attention unanime et le respect général de l'univers.

FIN.

Nouvelles Publications :

GEORGE SAND.

Le Château des Désertes, 1.

LAMARTINE.

Le Tailleur de Pierres de Saint-Point, 2.
Nouvelles Confidences, 1.
Geneviève, 2.

DE LA LANDELLE.

Le Toréador, 1.

ALEXANDRE DUMAS.

Grangette, 1.
Dieu dispose, 1 à 7 (parus).
La Colombe, 1.
Mémoires de Talma, 1 à 3.
La Tulipe noire, 2.
Mémoires d'un Médecin, 9.
Le Collier de la Reine, 7.
Ange Pitou, (suite), à 4.
Louis XV, 5.
Louis XVI, 5.
Les Mille et un Fantômes, 6.
La Régence, 2.
Vicomte de Bragelonne, 18.

A. DUMAS FILS.

Diane de Lys, 1.

PAUL DE KOCK.

Une Gaillarde, 5.
Cerisette, 4.

HENRY DE KOCK.

Brin-d'Amour, 2.

X. DE MONTÉPIN.

Confessions d'un Bohème, 4.
Le Loup noir, 2

A. DE VALON.

Le Châle noir, 1.

H. MURGER.

Scènes de la vie de Jeunesse Parisienne, 2 vol.

ÉLIE BERTHET.

Le Val-Perdu, 1.

C. DICKENS.

Souvenirs de Jeunesse, 6 v.

COMTESSE D'ARBOUVILLE.

Christine, 1.

EUGÈNE SUE.

Miss Mary, ou l'Institutrice, 1 v. (paru).
La Bonne Aventure, 4 v.
Les Enfants de l'Amour, 3.
Les Mystères du Peuple, 1 à 13 (parus).
Les sept Péchés Capitaux.
 » l'Orgueil, 5.
 » l'Envie, 3.
 » la Colère, 2.
 » la Luxure, 2.
 » la Paresse, 1.

MÉRY.

Les Confessions de Marion de Lorme, 1 à 4 (parus).
André Chénier, 3.

PAUL FÉVAL.

Les Belles-de-Nuit, 7.
Le Jeu de la Mort, 8.

BAZANCOURT.

Le Montagnard, ou les deux Républiques, 5.

M. AYCARD.

Madame de Linant, 3.

www.ingramcontent.com/pod-product-compliance
Lightning Source LLC
Chambersburg PA
CBHW060207100426
42744CB00007B/1204